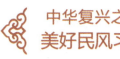

U0588751

清明祭祀之风

梁新宇 主编

汕头大学出版社

图书在版编目（CIP）数据

清明祭祀之风 / 梁新宇主编. -- 汕头 ： 汕头大学
出版社，2017.1（2023.8重印）
　（美好民风习俗）
　ISBN 978-7-5658-2813-3

　Ⅰ．①清… Ⅱ．①梁… Ⅲ．①节日－风俗习惯－中国
Ⅳ．①K892.1

中国版本图书馆CIP数据核字(2016)第293498号

清明祭祀之风　　　　QINGMING JISI ZHIFENG

主　　编：梁新宇
责任编辑：邹　峰
责任技编：黄东生
封面设计：大华文苑
出版发行：汕头大学出版社
　　　　　广东省汕头市大学路243号汕头大学校园内　邮政编码：515063
电　　话：0754-82904613
印　　刷：三河市嵩川印刷有限公司
开　　本：690mm×960mm 1/16
印　　张：8
字　　数：98千字
版　　次：2017年1月第1版
印　　次：2023年8月第4次印刷
定　　价：39.80元
ISBN 978-7-5658-2813-3

前言

党的十八大报告指出："把生态文明建设放在突出地位，融入经济建设、政治建设、文化建设、社会建设各方面和全过程，努力建设美丽中国，实现中华民族永续发展。"

可见，美丽中国，是环境之美、时代之美、生活之美、社会之美、百姓之美的总和。生态文明与美丽中国紧密相连，建设美丽中国，其核心就是要按照生态文明要求，通过生态、经济、政治、文化以及社会建设，实现生态良好、经济繁荣、政治和谐以及人民幸福。

悠久的中华文明历史，从来就蕴含着深刻的发展智慧，其中一个重要特征就是强调人与自然的和谐统一，就是把我们人类看作自然世界的和谐组成部分。在新的时期，我们提出尊重自然、顺应自然、保护自然，这是对中华文明的大力弘扬，我们要用勤劳智慧的双手建设美丽中国，实现我们民族永续发展的中国梦想。

因此，美丽中国不仅表现在江山如此多娇方面，更表现在丰富的大美文化内涵方面。中华大地孕育了中华文化，中华文化是中华大地之魂，二者完美地结合，铸就了真正的美丽中国。中华文化源远流长，滚滚黄河、滔滔长江，是最直接的源头。这两大文化浪涛经过千百年冲刷洗礼和不断交流、融合以及沉淀，最终形成了求同存异、兼收并蓄的最辉煌最灿烂的中华文明。

五千年来，薪火相传，一脉相承，伟大的中华文化是世界上唯一绵延不绝而从没中断的古老文化，并始终充满了生机与活力，其根本的原因在于具有强大的包容性和广博性，并充分展现了顽强的生命力和神奇的文化奇观。中华文化的力量，已经深深熔铸到我们的生命力、创造力和凝聚力中，是我们民族的基因。中华民族的精神，也已深深植根于绵延数千年的优秀文化传统之中，是我们的根和魂。

　　中国文化博大精深，是中华各族人民五千年来创造、传承下来的物质文明和精神文明的总和，其内容包罗万象，浩若星汉，具有很强文化纵深，蕴含丰富宝藏。传承和弘扬优秀民族文化传统，保护民族文化遗产，建设更加优秀的新的中华文化，这是建设美丽中国的根本。

　　总之，要建设美丽的中国，实现中华文化伟大复兴，首先要站在传统文化前沿，薪火相传，一脉相承，宏扬和发展五千年来优秀的、光明的、先进的、科学的、文明的和自豪的文化，融合古今中外一切文化精华，构建具有中国特色的现代民族文化，向世界和未来展示中华民族的文化力量、文化价值与文化风采，让美丽中国更加辉煌出彩。

　　为此，在有关部门和专家指导下，我们收集整理了大量古今资料和最新研究成果，特别编撰了本套大型丛书。主要包括万里锦绣河山、悠久文明历史、独特地域风采、深厚建筑古蕴、名胜古迹奇观、珍贵物宝天华、博大精深汉语、千秋辉煌美术、绝美歌舞戏剧、淳朴民风习俗等，充分显示了美丽中国的中华民族厚重文化底蕴和强大民族凝聚力，具有极强系统性、广博性和规模性。

　　本套丛书唯美展现，美不胜收，语言通俗，图文并茂，形象直观，古风古雅，具有很强可读性、欣赏性和知识性，能够让广大读者全面感受到美丽中国丰富内涵的方方面面，能够增强民族自尊心和文化自豪感，并能很好继承和弘扬中华文化，创造未来中国特色的先进民族文化，引领中华民族走向伟大复兴，实现建设美丽中国的伟大梦想。

目 录

随俗雅化

已然成节

远古遗风

　　寒食节也称"禁烟节""冷节""百五节"，源于远古时期人们对火的崇拜，而后才逐渐发展成为我国盛大的节日。

　　寒食节的具体日期是在农历冬至后105天，清明节前一二日。是日初为节时，禁烟火，只吃冷食。

　　寒食节在后世的发展中又逐渐增加了祭扫、踏青、荡秋千、蹴鞠、牵钩和斗鸡等风俗。寒食节绵延2000余年，曾被称为我国民间第一大祭日。

　　寒食节是我国汉族传统节日中唯一以饮食习俗来命名的节日，而祭祖、寒食和扫墓是节日期间最具特色的活动。

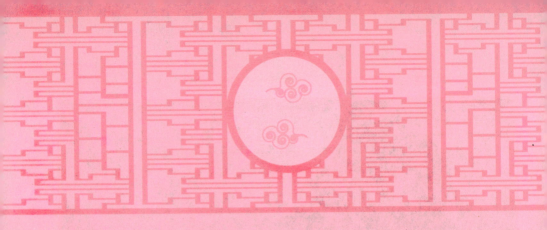

大禹得河图后始见清明

传说在远古时期，混沌初开，天地还未完全分离。我国的黄河流域洪水为患，人们因此失去了家园和土地，生活在洪水横流之中。

人们深受洪灾之害，当时有一个名叫舜的部落首领，就命令禹来治理洪水。提起大禹治水的故事，还要从一个美丽的传说说起。

那时候，在华阴潼乡有个叫冯夷的人，他不安心耕种劳作，一心想得道成仙。他听别人说，只要喝上100天水仙花的汁液，就可以化为仙体，于是他就到处寻找水仙花。

而在大禹治理黄河之前，黄河水已经涌流到了中原，而且没有固定河道。河水到处漫流，泛滥成灾。冯夷东奔西跑找水仙花，需要经常渡黄河。

转眼过了99天，冯夷只要再找到一棵水仙花，吮吸一天汁液，就可以成仙了。冯夷想到这，心里很是得意，便又跨过黄河去一个小村庄找水仙花。

这里的水并不深，冯夷很容易就蹚水过了河。然而，奇怪的是，他刚到河中间，河水就突然涨了起来。他一慌神，跌倒在黄河里，竟被水淹死了。

冯夷死后，一肚子的冤屈怨气，他恨透了黄河，就来到玉帝面前告黄河的状。

玉帝听说黄河没人管教，到处横流撒野，危害百姓，很是恼火。他知道冯夷已吮吸了99天水仙花的汁液，便任命冯夷当黄河水神，治理黄河。

冯夷想，这样既可了却自己成仙的心愿，又可报被淹死之仇，真是两全其美。从此，冯夷就当了黄河水神，人称河伯。

他从来没有治理过洪水，突然担当起治理黄河的大任，一时间束手无策。这可怎么办呢？自己道行浅，又无法宝仙术，冯夷只好又到玉帝那儿讨教办法。

玉帝告诉冯夷，要想治理黄河，先要摸清黄河的水情，画幅河图，有了黄河的水情河图为依据，就可以治理黄河了。

河伯按照玉帝的指点，一心要画幅河图。他找到村里的后老汉，讲了他治理黄河的大志。后老汉见他如今成了仙，要给百姓们办点好事，就答应一定帮忙。

从此，河伯和后老汉风里来雨里去，跋山涉水，察看黄河水情。经多年劳累，后老汉病倒了，只得回家去，分手时，后老汉再三嘱咐河伯，不要中途而废，画好图就着手治理黄河。

河伯继续沿黄河察看水情。查看水情并画河图是个苦差事。河伯把河图画好后已经年老体弱。河伯看着河图，叹气自己没有气力去治理黄河，很是伤心。

河伯想，总有一天会有能人来治理黄河的，到那时，再把河图授

给能治理黄河之人，自己也就了却心愿了。

河伯从此就在黄河底下安度晚年，再没有露面。然而，黄河连连涨水，屡屡泛滥。百姓们知道玉帝派河伯来治水，却终日不见他的面，都怨声载道，埋怨河伯不尽职责。

后老汉听说此事后，对治理黄河的事不放心，便要去找河伯。后老汉有个儿子叫后羿，射箭百发百中，他劝父亲别去找河伯。

后老汉不听劝阻，结果遇上黄河决口，被冲得无影无踪。后羿心恨河伯，便决心射死他。

有一天，河伯听说大禹带着开山斧、避水剑来到黄河边，就带着河图从水底出来，寻找大禹。

河伯走了半天，看见河对岸有个年轻人。

这年轻人英武雄伟，河伯心想此人或许正是大禹，就问道："喂，你是谁？"

对岸的年轻人不是大禹，是后羿。他抬头一看，河对岸一个仙风道骨的老人在喊，就问道："你是谁？"

河伯高声说："我是河伯。你是大禹吗？"

后羿一听是河伯，顿时怒冲心头，冷笑一声，说："我就是大禹。"说着张弓搭箭，"嗖"的一箭，射中了河伯的左眼。

河伯拔箭捂眼，疼得直流虚汗。心里骂道："混账大禹，好不讲道理！"他越想越气，就去撕那幅水情图。

这时，猛地传来一声大喊："不要撕图。"

河伯忍痛一看，对岸一个头戴斗笠的人，拦住了后羿。这个人就是大禹，他知道河伯画了一幅黄河河图，正要找河伯求教呢！

后羿推开大禹，又要搭箭张弓。大禹赶紧拦住他，把河伯画图的艰辛讲给他，后羿听后对自己的莽撞行事后悔不迭。

后羿向河伯承认了过错，当河伯得知后羿是后老汉的儿子，也没多怪罪。

大禹对河伯说："我是大禹，特地来找您求教治理黄河的办法。"

河伯说："我的心血和治河办法都在这张图上，现在授给你吧！"

大禹展开图一看，图上圈圈点点，把黄河的水情画得一清二楚。大禹得了黄河水情图，日夜不停地工作，三过家门而不入。

黄河的水患解除了，瞬间天清地明，百姓们欢呼雀跃，齐声叫好："清明啦，清明啦！清明啦！"

为了纪念这一有着重大意义的日子，人们把水患除去的一天定为清明节。此后，人们就用"清明"之语来庆贺水患已除，天下太平。

后人为了纪念大禹的功绩，建造了禹王宫、禹王庙、大禹陵等以示纪念。每年农历的三月二十八，周边数万的人们都会赶到山顶，向禹王朝拜。

知识点滴

关于河图的来历，我国民间还有一种说法。传说，伏羲是通过龙马身上的图案，与自己的观察，画出了"八卦"，而龙马身上的图案就叫作"河图"。

八卦源于阴阳概念一分为二，文王八卦源于天文历法，但它的"根"是《河图》。《河图》过去被人认为很神秘，实际上它只是数学中一个分支，通常叫它为幻方或魔方。

《河图》问世以后被古人加以神化，后又在历史过程中，被《易》学家们加入了五行、阴阳、四时和方位之说，更进一步说明节气、阴阳与万物生、壮、荣、衰的相互关系。

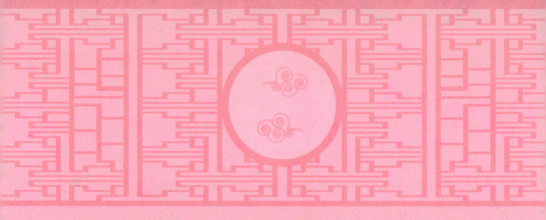

源于五千年前的墓祭

　　清明节是一个祭祀祖先的节日，主要是扫墓，是慎终追远、敦亲睦族及行孝的具体表现。扫墓源于5000年前的墓祭，就是在坟墓前祭祀祖先。

据传，清明节始于古代帝王将相的"墓祭"之礼。后来民间也争 相仿效，于此日祭祖扫墓，历代沿袭，从而成为中华民族一种固定的风俗。

我国古代墓祭的礼制可追溯到5000年前，而且当时的墓祭已是祖先偶像与祖先亡灵相结合的祭祀形式。

在古文献中曾提到一个为人所耻笑的齐国人。这个齐国人经常到东郭的坟墓前乞食祭墓的祭品，可见当时扫墓的风气已经盛行。

根据祭祀的场所，我国古代的祭祖可分为宗庙祭祀和墓祭两种。墓祭主要是指生者在墓前祭祀祖先，以表达和寄托对死者的孝思之情，后世又称"祭墓"，俗称"拜扫"或"扫墓"。

根据考古发现，早在新石器时期，我国已经有了墓祭习俗，在殷商时期墓祭之风渐为风行。

本来，寒食节与清明节是两个不同的节日，"清明节"的得名源于农历二十四节气中的清明节气。每年冬至后的第105天就是清明节气。

清明节气共有15天。作为节气的清明，时间在春分之后。这时冬天已去，春意盎然，天气清朗，四野明净，大自然处处显示出勃勃生机。用"清明"称这个时期，是再恰当不过的称呼。

此时春暖花开，万物复苏，天清地明，正是春游踏青的好时节。踏青在历代承袭成为习惯。踏青除了欣赏大自然的湖光山色、春光美景之外，还开展各种文娱活动，增添生活情趣。

清明时节总是给人以些许悲凉和伤感，而与一般伤春悲秋不同的是，它不是关乎个体当下的特殊经验，而是一种更加深沉辽远的生命之感。

"事死如事生"。清明将至，细雨绵绵，草木萌生，踏青远足，南燕北归，那逝去亲人的坟茔墓地是否也会有狐兔穿穴打洞？是否也会因雨水浸满而塌陷崩落？或者，我们自己是否也会有因时序更替光阴流逝带来的某种情愫心思需要前去倾诉抒发？

正是这样一种随天地运行而来的情之发、意之动，才引发了人们清明墓地祭扫的情景。于是，清明也就由一种与农事活动相关的自然之"气"，转换递进为缅怀先人的文化之"节"，具有特殊的意涵。

扫墓实际就是墓祭。古代帝王曾将其确定为国家礼制。 上古时期

"墓而不坟"，就是只打墓坑，不筑坟丘，因此这个日子主要与上巳和寒食联系在一起。后来，便"墓而且坟"，祭扫之情便有了依托。

当时，人们即使离家千里也要在清明回乡扫墓。而扫墓内在依据，结合我国民间传统的"鬼节"可以更清楚地被理解。

从节气上看，霜降以后天气转凉，我们自己要添衣御寒，那生活在彼岸世界的先人们是不是也有同样的需要呢？于是就有了给他们捎点衣物钱财以顺利过冬的习俗。

事死如事生的情感逻辑以古老而朴素的灵魂观念和祖先崇拜为基础。"鬼节"最初的缘起如此，清明节最初的缘起也有此因。

清明节流行扫墓，扫墓其实就是清明节前一天寒食节的内容。因此每逢清明节来到，扫墓就成为社会重要风俗。因寒食与清明相接，后来就逐渐传成清明扫墓了。直至后来，清明扫墓成为盛行的习俗，

世代相沿。

古代寒食节也叫禁烟节，有禁烟风俗。每年到这一时节，要求国人家家禁止生火，皆吃冷食。禁烟是节日里最主要甚至是必须的措施。在禁火之时，人们就准备一些冷食，以供食用，后来就慢慢成了固定的风俗。

寒食节距冬至一百零五天，也就是距清明不过一天或两天。这个节日的主要节俗就是禁火，不许生火煮食，只能吃备好的熟食和冷食，故而得名。

寒食节的源头，其实是远古时期人类对火的崇拜，源于古代的钻木、求新火之制。古人因季节的不同，选取不同的树木来钻火，有改季改火的风俗。而每当新的季节改火之后，就要换取新火。新火未至，就禁止人们生火。这是当时的一件大事。

古人的生活离不开火，但是火往往又给人类造成极大的灾害，于是古人便认为火有神灵，便要祀火。

在古代，家家户户所祀之火，每年又要止熄一次。然后再重新燃起新火，此举被称为"改火"。每当改火时节，人们都要举行隆重的祭祖活动，将谷神稷的象征物焚烧，称为人牺。相沿成俗，便形成了后来的禁火节。

据《周礼·秋官·司烜氏》记载：

中春以木铎修火禁于国中。

可见当时是摇着木铎，在街上走，下令禁火。司烜氏，其实就是专管取火的小官。

这样慢慢就成了固定的风俗了。在此期间，人们还有吃杏酪食俗。杏酪自古以来就被人们作为寒食节中的一种高档食品。在东晋孙楚祭祀介之推的食品中，便有杏酪。

以后，寒食节才与介之推的传说联系起来。而寒食节的日期也要

长达一个月。

　　长期吃冷食，毕竟不利于人的健康。后来，人们便缩短日期，从7天、3天逐渐改为1天。到了后来，人们便直接把寒食节融合在清明节中一起度过了。

　　古人在寒食节扫墓，通常也不设香火。人们将纸钱挂在坟茔旁的树上。前去扫墓的乡里人，都登到高处遥望，以示祭祀。将裂帛抛往空中，称之为掰钱。而京师的周围地区，人们在拜扫时，便设置酒和饭食，带领全家老幼外出春游。此后，清明节便由一个单纯的农业节气，上升为重要的大节日了，寒食节的影响也就消失了。但寒食的食俗有若干变形的方式却传承下来了，并保存于清明节中。清明节期间，此时不仅春暖花开阳光和煦，适合人们出外春游拜扫亲人坟墓，还消除了"隆冬冷食，残损民命"的忧虑。把寒食节并为清明节既符合民意又符合时令，实属明智之举。

知识点滴

　　墓祭又称祭扫，我国过去一般每年都要举行春秋二祭，春祭在清明节，秋祭在重阳节，重阳祭扫祖坟活动在境内并不普遍，且久已无闻，唯有清明节的祭墓活动十分普遍。

　　每到清明日，家家户户都有人上山祭扫祖坟。祭扫时，要清除祖坟周围的杂草。祖墓如有损坏，也要整修。民间旧俗，祖墓之土平时不宜轻动，只有在清明祭扫之时可以进行此项工作。坟墓周围打扫清净之后，就把"纸钱"压在祖坟前后左右。

　　扫墓结束后，扫墓者必折一枝马尾松松枝，带回家插于门上，用以表示这户人家没有忘记祖先，已经扫过墓了。后来，这项风俗从形式到内容都发生了重大变化。

介之推割股奉重耳充饥

　　寒食节相传是源于春秋时期的晋国，是为了纪念晋国公子的臣子介之推而专门设立的节日。

　　相传，在春秋战国时代，晋献公的妃子骊姬为了让自己的儿子奚齐继位，就设毒计谋害太子申生，申生被逼自杀。

　　当年重耳出逃时，先是父亲献公追杀，后是兄弟惠公追杀。重耳经常食不果腹、衣不蔽体。有一年重耳逃到卫国，一个叫作头须的随从偷光了重耳的资粮，逃入深山。

　　重耳无粮，饥饿难当向田夫乞讨，可不但没要来饭，反被农夫们当成贼用土块戏谑了一番。

重耳在流亡期间受尽了屈辱。在一处渺无人烟的地方，又累又饿晕了过去，再也无力站起来。跟着他一道出奔的臣子，大多都各奔出路去了，只剩下少数几个忠心耿耿的人一直追随着他。

随臣找了半天也找不到一点吃的，正在大家万分焦急的时刻，有一人悄悄走到僻静处，此人就是介之推。

介之推走到僻静处后，忍着剧痛，用一把刀子从自己的大腿上割下了一块肉。随后，他为重耳煮了一碗肉汤。当重耳喝完肉汤后，渐渐恢复了精神，而当重耳发现肉是介之推从他自己腿上割下的时候，流下了眼泪。

19年以后，重耳做了晋国的国君，他就是历史上的晋文公。晋文公即位以后，重重赏了当初伴随他流亡的功臣，唯独介之推被遗忘。众人都为他鸣不平，他却不肯面见圣上请赏。

邻居解张为介之推鸣不平，夜里写了封书信挂到城门上。晋文公看到这首诗后，后悔自己忘恩负义，赶紧派人召介之推受封，才知道他已背着老母亲隐入绵山。

绵山山高路险，树木茂密，找寻两个人谈何容易。于是，有人献计，从三面火烧绵山，逼出介之推。晋文公便下令举火烧山，孰料大火烧了三天三夜，在大火熄灭后，终究不见介之推出来。

火熄以后，人们才发现身背老母亲的介之推已坐在一棵老柳树下被火烧死了。晋文公见状，恸哭不已。

为了纪念介之推，晋文公下令把绵山改为"介山"，在山上建立祠堂，并把放火烧山的这一天定为寒食节，晓谕全国，每年这天禁忌烟火，只吃寒食。

临走时，晋文公还伐了一段烧焦的柳木，到宫中做了双木屐，每天望着它叹道："悲哉足下"，"足下"是古代下级对上级或同辈之间相互尊敬的称呼，据说就是来源于此。

第二年，晋文公领着群臣，素服徒步登山祭奠，表示哀悼。行至坟前，只见那棵老柳树死树复活，绿枝千条，随风飘舞。

晋文公望着复活的老柳树，像看见了介之推一样。他敬重地走到跟前，珍爱地掐了一下枝，编了一个圈儿戴在头上。祭扫后，晋文公把复活的老柳树赐名为"清明柳"，又把这天定为清明节。

晋文公他勤政清明，励精图治，把国家治理得很好。晋国的百姓得以安居乐业，对有功不居、不图富贵的介之推，人民非常怀念。

于是，每逢介之推死的那天，大家禁止烟火来表示纪念。同时，人们还用面粉和着枣泥，捏成燕子的模样，用杨柳条串起来，插在门上，召唤他的灵魂。

历史上，寒食节活动由纪念介之推禁烟寒食为主，逐步演变为以拜扫祭祖为主。其中蕴含的忠孝廉洁的理念，完全符合我国古代国家需要忠诚，家庭需要孝道的传统道德核心，成为家庭和谐、社会稳定的重要载体。

古代先民对寒食节禁烟冷食的执着，表达了对千古先贤介之推忠贞不渝的怀念之情。

可以说，寒食节的意义远远大于清明，若比作母子，寒食为母，清明为子。清明尤在，而寒食早已不存。可以说，寒食伴随着吹面不寒的杨柳之风，在岁时节日的演变过程中静静地融入了清明。

知识点滴

后人为了纪念介之推，专门修建了一座介之推庙。介之推庙位于山西省晋中灵石县境内的张嵩村，称英毅圣王庙。介庙所建处，原有母子柏、母子碑。

传说母子柏所生之处是介之推母子相抱被焚死之地。介庙周围原来环境清幽，风景秀丽，气候温凉。也由于这个原因，这里也被人称为"神林"。

可惜后来山林庙宇均被火焚毁，现仅存寺庙的偏院一处，院内还存有原庙基的石墩和五通石碑。

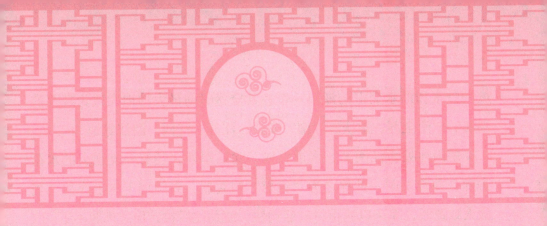

春秋战国时期的清明习俗

大约在2400年前的春秋时期，清明节的活动开始丰富起来，包括牵钩、射柳、植树等。同时，人们逐渐地形成了在清明节吃饧的饮食习俗。

牵钩是古称，其实就是拔河运动，始于楚国。楚国是春秋战国时期南方的一个诸侯国，楚人是华夏族南迁的一支，最早兴起于汉江流

域的丹水和淅水交汇的淅川一带，其全盛时的最大辖地大致为现在的湖北、湖南全部、重庆、河南、安徽、江苏、江西、浙江等地。

楚国地处大江南北，水道纵横，除陆军外，还有一支强大的水军舟师，并曾发明一种称之为"钩拒"的兵器，专门用于水上作战。当敌人败退时，军士以钩拒将敌船钩住，使劲往后拉，使之逃脱不了。

后来钩拒从军中流传至民间，被水乡渔民仿效，成为一项民间体育娱乐活动，演变为牵钩比赛。

据说春秋时期，楚国为了进攻吴国，以牵钩这种运动来增强人民的体质。它主要是以一根麻绳，两头分为许多小绳，比赛时，以一面大旗为界，一声令下，双方各自用力拉绳，鼓乐齐鸣，双方助威呐喊，热闹非常。

在古代拔河时，还要敲着大鼓，以壮士气。唐玄宗曾多次观看拔河比赛，拔河者多至千余人，呼声震天，中外观众，无不震骇。

拔河所用的绳索，在唐代以前用的是篾缆，唐代的民间则用木麻。木麻通常长达150多米，两头分系小索数百条，挂于前，分二朋，

两勾齐挽，立大旗为界，震鼓叫噪，使相牵引，以却者为输，名为"拔河"。

拔河的起源，本来是由于双方交战，后来，军中的兵士们也多以此为戏。不仅仅是兵士这么做，宰相和将军们也喜欢此类运动，甚至宫女们也常组队拔河。拔河游戏发展成为上至皇亲贵族下至平民百姓备受青睐、盛况空前的活动。

射柳是古时一种练习射箭技巧的游戏。这也是一项时尚高雅的活动。在细长摇曳的柳枝上，拴上一缕红绸，即是被射的目标。大多是青年男子，骑马挽弓，在百步以外，用特制的前头分权的箭，射断那枝柳条，待柳条落地之前，飞马前往，将柳条接住。是考验骑射真功夫的一项运动。

还有一些文人墨客和学子们，常在柳树上挂个有鹁鸠鸟的葫芦，百步之外用弓箭或弹弓射之，善射者矢中葫芦，鹁鸠受惊飞出，以鹁

鸠飞出的高低决定胜负。

清明前后，春阳照临，春雨飞洒，种植树苗成活率很高，成长快。因此，自古以来，我国就有清明植树的习惯。有人还把清明节叫作"植树节"，植树风俗便一直流传下来。

寒食清明，这个我国传统的节日，除了有慎终追远的感伤，还融合了欢乐与赏春的气氛。除了特殊的节日活动，在我国还有清明节吃饧的食俗。

"饧"就是人们通常所说的饴糖，它是古代寒食节必备的食品。自古以来，许多文人墨客曾经借助诗词生动地记述了当时我们的祖先过寒食节时的盛景，如"海外无寒食，春来不见饧""市远无饧供寒食""箫声吹暖卖饧天""粥香饧白杏花天"等。

从众多的提到"饧"的寒食诗作中，我们不难看出，古代先人过寒食节必须要有"饧"这种食物。如果在寒食节里没有"饧"这一食品，人们就认为这个节日不是完整的。

关于"饧"这种食品，古代还有一则典故。据说后人在《六经》

中找不到"饧"字，便对"春来不见饧"的诗句提出了质疑。有人就对这个问题进行了研究。

经过查找，人们发现在战国时期的《楚辞》中曾经提到一种叫作"饆馍"的食品，而"饆馍"就是人们所称的"饧"。

据古文献记载，寒食为冷食，《楚辞·招魂》中名"粔籹"，又名"餲""环饼"等，其用糯米粉和面油煎制成，可贮存，寒食禁火时用以代餐。

其实，古人所说的"饧"就是专指用麦芽和谷芽等熬成的糖。我国传统食品贯馅糖，就是用大麦芽和小米经过糖化以后熬制而成的。

贯馅糖是古人在冬令时节的保健食品，是在春节至寒食节期间作为馈送亲友和祭灶供神的主要食品。追根溯源，贯馅糖事实上就是古代寒食节的家用食品。

直到后来，晋北地区一直沿袭着用饧的习惯，饧就是山西名品——麻糖的初级品。麻糖入口后很甜也很黏，故我国民间素有

"二十三，吃饧板"的民谚。

我国传统中医学还认为，饧糖有补中益气、健脾和胃、润肺止咳的功效，可谓是药食兼备。据传，古人曾经使用寒食饧，治愈好眼目中的飞矢恶疾等病例，这也说明了"饧"在古代也曾作为药用。

清明节期间，百姓不生火，只吃冷食，许多城市中的饧糖摊点生意都非常兴隆。

在我国民间也有吃饧大麦粥的习俗。据古文记载，寒食"禁火三日，造饧大麦粥"。此外，还有一种耐贮存、适宜冷食，又酥香脆美的食品"寒具"，堪称寒食节的美食。

清明节期间，我国各地都有不同的节日习俗。东北地区清明节这天，老百姓习惯做饽饽、煮鸡蛋吃。华北地区，人们习惯食豌豆黄，好游者则至乡村踏青。山西翼城县，家家预煮黑面凉粉，于清明日切薄块灌汤而食之。

福建地区，清明期间，人们则有佩柳祀祖先，扫墓添土，冢上挂依陌。折柳枝插门左右，名辟邪。"上巳"，取南烛木茎叶捣碎，渍米为饭成绀色以食，且相馈遗。河南许昌地区，人们在清明日祭先茔，携酒肴郊饮，谓之"踏青"。

相沿成俗

　　秦汉时期，清明节的活动更加丰富多彩。主要包括源于先秦时期的插柳习俗、踏青、放风筝以及祭祀习俗。在古代，柳在人们的心目中具有辟邪的功用，便有了极具象征意义的插柳习俗。

　　到了汉代，流行一种味道鲜美的杂烩菜名为"五侯鲭"。而这一时期，清明墓祭已成为不可或缺的礼俗活动。

　　到了南北朝时期，我国民间逐渐形成了一些具有代表性的清明节娱乐习俗和食俗。娱乐习俗主要有荡秋千，食俗主要有馈宴、吃馓子以及寒食节吃粥等食俗。

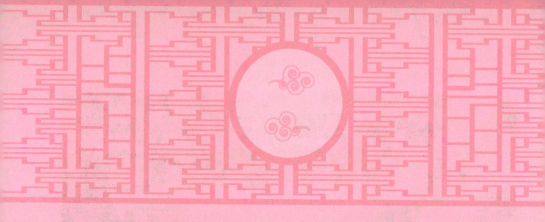

自古以来的清明各项活动

寒食节是春秋时晋文公为纪念介之推而设的节日，历经各朝各代沿袭至今。虽经多次禁断，却屡禁屡兴，寒食习俗蔓延全国，深入民心。

关于寒食节禁烟，更为详实的禁烟说，见于西汉末年无神论者桓谭撰著的《新论》。

在《新论》文中有描述：

太原郡，隆冬之时五日不生火食冷食，虽有病但不敢触犯法规，统治者应该改变此规定。

东汉时期，朝廷尚书周举

初在并州任刺史，当时并州的百姓视介之推为乡神，士民每年冬季怕神灵不乐见火，于是每年冬天都要吃一个月的寒食，不敢生火。

老小之人不堪寒冷，每年在这一时期，都会死很多人。于是，寒食节禁烟令一度被废止。

据史料记载，332年一次史无前例的大冰雹起自西河介山，冰雹大如鸡子，平地3尺，行人禽兽死者万数。冰雹所到之处，太原、乐平、武乡、赵郡、广平、巨鹿等地1000多千米，树木摧折，庄稼无存。当时，后赵帝王石勒，在东堂询问中书令徐光下冰雹的原因。

徐光说："去年，皇帝禁寒食。帝乡之神介之推，历代为世人所尊，介山左右的田地成为晋文公祭介之推田，这一带百姓奉祀介之推，士民们愿寒食禁火可任其随便。皇帝纵不能让天下人心都同介山之人。"

于是，石勒下诏书禁寒食。

此外，在474年、492年和502年，魏孝文帝连续三次禁断寒食。他在第三次令文中说：除介山之邑听任为之，寒食自此禁断。

寒食节历经几朝当政者的屡屡禁断，但仍能相沿持续，除了国人追悯昔贤，不忍介之推英灵泯没之外，一个很重要的原因，就是后来的寒食节最终选定在冬至后的第105天，即清明节期间。

清明时节自古就有插柳的习俗。柳为落叶乔木，阳春始发，枝条

柔韧，叶似春风裁剪，枝干纵横倒顺，插之皆可成活。寒食清明习俗的标志之一，就是家家要插柳。

杨柳有强大的生命力，寒食插柳习俗历史悠久。每到寒食节这天，江淮人家折柳插门。据说，插柳的风俗，也是为了纪念"教民稼穑"的农事祖师神农氏的。

俗话说："有心栽花花不发，无心插柳柳成荫。"柳条插土就活，插到哪里，活到哪里，年年插柳，处处成荫。

柳在人们的心目中具有辟邪的功用。清明插柳戴柳还有一种说法：我国人以清明、七月半和十月朔为三大鬼节，是百鬼出没讨索之时。人们为防止鬼的侵扰和迫害而插柳戴柳。

此外，因受佛教的影响，人们认为柳可以怯鬼，而称之为"鬼怖木"，观世音以柳枝沾水济度众生。清明既是鬼节，值此柳条发芽时节，人们自然纷纷插柳戴柳以辟邪了。

汉代人有灞桥"折柳赠别"的风俗，每当有人送客至此桥时，便折柳赠别。古代长安灞桥两岸，堤长十里，一步一柳，由长安东去的人多到此地惜别，折柳枝赠别亲人，因"柳"与"留"谐音，以表示挽留之意。

杨柳是春天的标志，在春天中摇曳的杨柳，总是给人以欣欣向荣之感。"折柳赠别"就蕴含着"春常在"的祝愿。

除了插柳，我国清明节也有戴柳的习俗，有将柳枝编成圆圈戴在头上的，也有将嫩柳枝结成花朵而插于发髻的，还有直接将柳枝插于发髻的。

清明节的清晨，街市叫卖杨柳，家家折一枝绿柳蘸上清水，插上门楣，妇女则结杨柳球，戴在鬓边。

民间谚语有：

清明不戴柳，死后变黄狗。
清明不戴柳，来世变猪狗。

这说明，在古人眼里戴柳也有辟邪的作用，清明戴柳之俗在各地都很常见。

柳是寒食节的象征之物，但有一些地方有纪年华之义，有所谓的清明插柳"纪年华"，"清明不戴柳，红颜成皓首"之说。

发展到后来，人们就干脆把男女成年行冠礼的时间统一定在寒食节，而不论生时年月，凡官民不论大小家，子女未冠的人，于此日戴柳，即为成年标志。

据此，后世便有"纪年华"的遗俗，并演化成妇女戴柳球于鬓畔以祈红颜永驻的习俗。在此，青青春柳又有了象征青春的意义。时值

春季妇女戴柳，则表现出对青春年华的珍惜与留恋。

清明节又叫踏青节，踏青又叫春游，古时还叫踏春、探春、寻春等。每至清明时节，人们在花草返青的春季，结伴到郊外原野远足踏青，并进行各种游戏以及荡秋千、放风筝等活动。

我国的踏青习俗由来已久，传说远在先秦时期就已形成。每年春天，人们都要结伴到郊外游春赏景，风俗日益兴盛。

清明节时无论是大自然中的植被，还是与自然共处的人体，都退去了冬天的污浊，迎来春天的气息，实现了由阴到阳的转化。

所以说清明节的实质是通过缅怀先人来迎接更美好的生活。从这个角度来说，清明节实在是一个快乐和积极的节日。

人们在禁烟踏青中，不仅要举行斗草、秋千等活动，还要画新妆、嬉闹，直至饮酒、狂饮，可见我国古代踏青活动之兴盛，甚至一些人热衷于踏青，淡化了祭扫。

当时，有些人家"置亲于荒墟"，清明节拜扫只草草了事，而后

便与其兄弟、妻子、亲戚、契交放情地游览，尽欢而归。

踏青虽在一年之春，但具体时日常有出入。古人关于踏青时节，说法不一。有说是指农历正月初八、二月初二、三月初三。

后来，由于清明扫墓，正值春光明媚，草木返青，田野一片灿烂芬芳。扫墓者往往扫墓完毕，而后便选择一处芳草地，坐于树下，尽兴地喝酒娱乐。

至此可见，清明扫墓已经由单纯的祭祀活动演化而为同时游春访胜的踏青活动。

知识点滴

由于各地习俗不一，寒食清明节插柳的地点和人身部位也千差万别。

福建《兴化府志》说，门上插柳，也插于头部。广西的《南宁府志》记载，柳枝戴在头上，或系在衣带上。

而广东地区一些县里流传一种说法是，折柳悬于门，并插在两鬓上。此外，安徽、江苏等地，寒食节还盛行以戴荠花、佩麦叶来代替柳枝与柳叶。

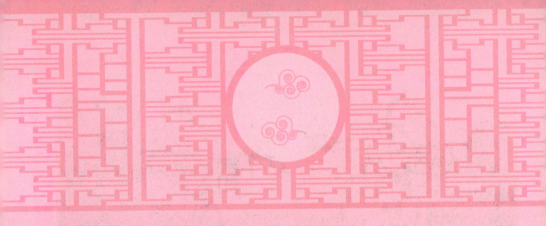

踏青时节巧借东风放纸鸢

放风筝和荡秋千，是我国人民在清明节时最喜爱的活动之一，具有几千年的历史了。风筝也称"风琴"、"纸鹞""鹞子""纸鸢"等，

闽南语称"风吹"。风筝是一种比空气重，能够借助风力在空中漂浮的制品。

风筝起源于我国，据说古代将军曾利用风筝进行测量风速，有人背着风筝从高处跳下保住了性命，更有人曾利用风筝传信求救兵，取得了成功。

据民间传说，第一个风筝是由古代著名工匠鲁班用竹子做的。丝绸出现后，又出现了绸制的风筝。自从纸发明以后，才有了纸质风筝，名为"纸鸢"。于是，便有了后人"儿童散学归来早，忙趁东风放纸鸢"的佳句。

在古代，风筝作为一种儿童玩具日渐风行，有人在纸鸢上加以竹笛，纸鸢飞上天以后被风一吹，发出"呜呜"声响，像筝的弹奏声，于是人们把"纸鸢"改称"风筝"。也有人说"风筝"这名字起源于五代，从李邺用纸糊风筝，并在它上面装有竹笛开始。

每逢清明节，人们不仅在白天放风筝，夜间也要放风筝。夜里，在风筝下或在风筝的拉线上挂上一串串彩色的小灯笼，风筝飞在空中就像闪烁的明星，被称为"神灯"。

古人还认为清明的风很适合放风筝。《清嘉录》中说："春之风自下而上，纸鸢因之而起，故有'清明放断鹞'之谚。"

古时放风筝活动从元宵节后一直持续到清明节，所以古时也把清明节称为"风筝节"。

放风筝成为我国汉族及部分少数民族传统的娱乐风俗。我国传统的风筝品种繁多，一般分为硬翅、软翅、板子、串子、立体筒形等几类，其题材也比较广泛，形式多样。

在我国民间，人们还创造了风筝上的附加物，如能发出声音的"鹤琴""锣鼓"，有灯光装置的"灯笼"，有散落携带物的"送饭儿的"等，各具特色。

在清明节，各地还有荡秋千的习俗。我国民间荡秋千的历史非常悠

久，秋千的起源，可追溯到上古时代。

那时，我们的祖先为了谋生，不得不上树采摘野果或猎取野兽。在攀缘和奔跑中，他们往往抓住粗壮的蔓生植物，依靠藤条的摇荡摆动，上树或跨越沟涧，这就是秋千最原始的雏形。

秋千最早称之为"千秋"，传说为春秋时代北方的山戎民族所创。开始仅是一根绳子，双手抓绳而荡。后来，齐桓公北征山戎族，把"千秋"带入中原。从此后，荡秋千便成为寒食清明节等节日的民间游戏。

那么"千秋"又何以改为"秋千"这一称呼呢？据说古时，宫中以"千秋"为祝寿之词，取"千秋万寿"之意，人们为了避讳，便将"千秋"两字倒转为"秋千"。秋千这一称谓从此就被沿用下来。

最初，荡秋千只限于女子和小孩的游戏，后来，荡秋千逐渐成为男女皆宜的游戏。

古人荡秋千最初只是在清明、寒食节前后才有所见，而且仅仅局限于豪门贵族家的儿女游戏之用，直到南北朝时期，荡秋千才流行并

盛行于大江南北，荡秋千发展为清明节习俗的重要内容。所以，古代清明节也称"秋千节"。

古时的秋千多用树枝丫为架，再拴上彩带做成。后来逐步发展为用两根绳索加上踏板的秋千。

民俗相传，荡秋千可以驱除百病，而且荡得越高，象征生活过得越美好。

在汉字中，"秋千"两字的古字均有"革"字旁，"千"字还带走字，意思是揪着皮绳而迁移。

随着发展，人们对传统秋千活动更是花样翻新。荡秋千的形式也由原来的单架式发展为"车链式""八挂式"等多种。

荡秋千可以使人心旷神怡，锻炼身体和意志。无疑，这是一种有益的民间体育游艺活动。一些地方的群众认为，荡秋千能祛除疾病。这也许就是荡秋千能世代相传、经久不衰的原因。

荡秋千可分单人荡、双人荡、立荡、坐荡等。每个村镇都有自己的秋千高手，有时还要举行表演比赛。荡得最高最美的人很受乡邻的赞扬。荡秋千的这些日子里，也常常是青年男女相遇、接触的好机会。

此外还有两种特殊的秋千，"胡悠"和"过梁悠"。

"胡悠"也叫木驴。其做法是：主杆上端有个铁轴，轴头顶在横梁的正中间。横梁两头各吊一个小铁千。人或站或坐在两头的秋千上，边悠荡边转圈。

"过梁悠"是一种比较复杂的秋千。在牢固的木架上架一个方形大木轮，轮子四角各吊一副小秋千，4个人坐在踏板上，由其他人摇动摇盘，使大木轮转起来。秋千上的人随着大木轮子的转动，或高或低，自在悠荡，煞是惬意。

我国民间还有一种特殊的秋千"板不煞"。板不煞就是"摔不死"。

是在秋千架的横梁上穿一个辘轳头，上面绕一条粗绳两头垂下，其中一个绳头上固定一根脚踏棍。开始耍时，两只脚踏在踏脚棍上。两腿夹绳，两手紧拽另一个绳头，使绳子这头往下转，那头带着人往上升。

在秋千横梁上头的半圆形荆条吊着花生、糖果、香烟、酒等赏品。谁能升到上头，牢稳地固定在辘轳头上，再伸手向上去摸赏品，谁就是好样的。摸着哪一种奖品，就奖给这个人。

一般人往往上不去就摔下来，或者上去了没把紧辘轳头，又滑溜下来或摔下来，故名"板不煞"。由于秋千架下垫着松软的沙土或柴草，不会出危险，又称"摔不死"。

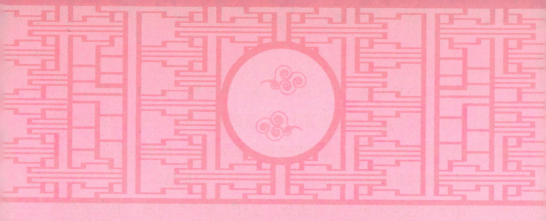

隆重的清明节宫廷馈宴

古代寒食清明节，是上至朝臣、下至百姓普遍看重的传统节日。节日期间有着丰富的活动内容。

然而，朝臣们所企盼的活动与百姓相比显然有着天壤之别。就是说，百姓们寒食节期间的活动内容无非是禁火、扫墓、插柳、踏青及

从事一些事关节令的农事杂务。而皇家朝臣们则要在这一天追求诸如品茶、集宴、蹴鞠、泛舟、斗鸡、拔河、春赛一类高档次的活动。

在南北朝时期，帝王要在寒食节这一天馈宴群臣。

据史料记载：492年2月，因太华殿被毁，太极殿刚刚始建，这一年的寒食飨宴才只得作罢。

另据《时镜新书》记载，北齐的尚书右仆射监修国史官魏收，在寒食节馈赠给王元景粥食。

王元景回书说道：

始知令节，须御麦粥。加之以糖，弥觉香冷。

此后，至唐代，寒食清明节馈宴群臣已成为惯例，集宴的名目也趋于繁多。到宋代，寒食节日王室对宰臣的赏赐更加可观。

在馈宴之时，皇上还要带领群臣观看杂技表演、娱乐。随着时代的发展，王室对宰臣寒食节日的赏赐更加可观了。

古代有法制规定，仆射、御史大夫、中丞、节度留后、观察、内客省使权知、开封府王等，来到寒食赉签赐羊酒和米面。立春时赐以春盘，寒食节赐以神馂和饧粥等。

又规定，在冬至、二社、重阳、寒食，枢密近臣、禁军大校，或赐宴其第。

古代帝王馈宴的礼仪程序很是复杂。膳宰要在路寝东边准备群臣的饮食。乐人为宴饮挂上新的钟磬。在东阶的东南方对着东边屋檐滴水处放置洗和篚。

罍和水在东边。篚在洗的西边，靠南陈设。盛饭食的篚在它的北边，朝西。司宫在东楹柱的西边置两个方壶。

两个方壶的左边放玄酒。

　　国君专用的酒器两个，遮盖的巾用粗葛布和细麻布，在方壶的南边，以南边为上位。在寝门的西侧为已入官而未受正禄之士设两个圆壶。司宫在户西为宾设席，以东边为上位，没有增加的席。

　　届时，主持宴礼的人报告国君："准备完毕。"

　　小臣在东阶上为国君设席，席头朝西，设置加席。国君登堂在席位上就座，面向西。

　　接着，小臣再引卿大夫，卿大夫皆从门的右边进入，面朝北，以东为上位。士站立在西边，面朝东，以北边为上位。祝史站立在门的东边，面朝北，以东边为上位。小臣之长一人在东堂下，面朝南。已入官而未受正禄之士站立在门的西边，以东边为上位。

　　国君下堂站立在东阶的东南，面朝南，向卿揖礼，卿进前面朝西以北为上位；向大夫揖礼，大夫皆稍前进。射人再向国君请命主宾。

　　国君说："命某大夫为主宾。"

　　射人把国君的命令转告主宾。主宾稍进前，推辞"自己不敏"。射人又把主宾的言辞报告给国君。国君再次命令，往复两次主宾再拜稽首，答应。

　　射人再次向国君报告。主宾走出站立于门外，面朝东。国君向卿大夫拱手行礼，然后登堂就席。小臣自东阶下，面朝北，请拿瓦大盖巾和进献食物的人。命令拿巾的人，从西阶登堂，站立在方壶南边，面朝北，以东边为上位。

　　然后，膳宰向诸公卿进献美味的食物。射人引主宾进。主宾进入，到堂前，国君走下一级台阶，向主宾拱手行礼，国君登堂就席。

　　主宾从西阶登堂，宰夫代国君主持宴饮者也从西阶登堂。主宾在右面，面朝北，宰夫为主宾到来行再拜礼。主宾再拜答礼。

　　待洗手完毕，宰夫在筵席前进献主宾。主宾在西阶上拜谢，在筵席前接受酒爵，回到原位。宰夫在主宾右边为送上酒爵行拜礼。

　　膳宰进献干肉、肉酱，主宾登上筵席。膳宰摆上盛牲体骨的俎。主宾坐下，左手拿酒爵，右手祭干肉、肉酱，把酒爵放在祭物的右边，宴饮才算正式开始。

寒食清明节是重大的节日，一些朝代为了使这一天的皇帝馈宴兴致不受干扰，还特定了许多特别的律令。其中，就有规定各诸陵守官，寒食清明节期间不得强拉百姓办杂差等。

到后来有的律令规定：京师隶、将作、女子隶和少府缝作，均给假一天；八腊和寒食均给假两天；禁大寒食以鸡卵相馈送等。

据《册府元龟》载，五代后晋出帝下诏：四京诸道、州府，处决罪犯，遇大祭祀，正冬、寒食、立春、夏雨未晴，以上并不得行极刑。如有已断案，可取次日及雨雪后施行。

由此看来，清明寒食已成为当时法定的节假日，人们在这一天欢饮娱乐及所进行的活动，已明显带有政令的色彩。

后来，帝王在寒食清明节馈宴中减少了蹴鞠、拔河等竞技类活动项目，增加了观花、赋诗等高雅内容。

每当宴饮完毕，直至酒酣之际，百官各赋奉诏赏花诗，帝也作诗分赐之。或赐五言诗，或赐七言诗，有时还特赐群官入观皇上御书。

知识点滴

保健功效的寒食节美食

在古代，清明这一天有吃"饧大麦粥"的习惯。据《荆楚岁时记》记载，寒食"禁火三日，饧大麦粥"。此粥的做法是，先将大麦磨成麦浆，煮熟，再将捣碎的杏仁拌入，冷却后切成块状，吃时在上面浇上饧粮即可。这是有记载的最早的清明节食品。

　　北魏贾思勰在《齐民要术》中，也介绍了一种清明节冷食，叫作"寒具"，其实这是一种甜面饼。"以蜜调水溲面，若无蜜，取枣煮汁。牛羊膏脂亦得。用牛羊乳亦好，令饼脆美。"这也是一种冷食，吃起来香甜酥脆。

　　东晋陆翙在《邺中记》记载并州之俗，说道：

　　　　冬至后百五日为介之推断火，冷食三日作干粥，中国以
　　为寒食。

　　南北朝梁朝宗懔撰写的《荆楚岁时记》（记录古代楚地岁时节令风物故事的笔记体文集）中也记载：

　　　　孙楚祭介之推云："饧一盘，醴酪两盂。今寒食有杏
　　酪，麦粥，即其类也。

按南北朝时期农业科学家贾思勰的《齐民要术》中讲，煮醴酪即为麦粥。

另据唐玄宗时期学者丘悦编写的史书《三国典略》记载，邺城人李岳为门客说服，用本钱广收大麦，用车运往晋阳，以求寒食节在晋阳一带卖高价。

由于路途耽误，结果车到晋阳已是清明节令，无奈又载回邺城。

按曹操《明罚令》，晋阳一带士民冬至后很长时间皆绝火寒食，李岳的运大麦车清明节方到，自然耽误了时机。这则故事还说明，晋阳人寒食节有用大麦煮麦粥、食麦粥的习俗。

到了五代，除了一般的冷食粥饼以外，还加上了制作"艺术"鸡蛋的习俗。清明节"艺术"蛋大致分为两种，一种是"画蛋"，就是在蛋壳上染上各种颜色，只不过颜色不同而已。

另一种则是"雕蛋"，在蛋壳上雕刻成画，这需要高超的技术，这种蛋仅供赏玩。

明代陈继儒的《珍珠船》也记载在南朝时：

梁武帝寒食赐麦粥。

粥也称糜，是一种把稻米、小米或玉米等粮食煮成的稠糊的食物。依照元代医家学罗天益在《宝鉴》一书中记载：粳米、粟米做成的粥，气味淡薄，阳中带阴，所以清淡舒畅，能利小便。

古人都极力称赞粥的养生保健功效，在长寿之乡，许多老人就是通过坚持早晚喝粥，治好了胃痛、失眠和便秘的毛病。

这就是五谷都能治病的原理。吃粥既节省时间，味道又美，喝完粥后睡一觉，妙不可言，人们都称粥有很大的益处。

寒食粥品类繁多，洛阳人家亦有食桃花粥和梅花粥的习俗。具体做法是，收取落花瓣，洗净后用水煮粥，候粥熟，再将花瓣下锅，一

滚即起食。

此外，还有一种冬凌粥，其为寒食节的高档食品，普通人家很难享用。旧时有商家，每逢节日专卖这一名食，寒食节专卖食品，必少不了冬凌粥。当时，朝有掌饮膳酒礼的食官，律法规定：凡是元旦、寒食和冬至，都要专门供送食品给六品以上的朝官。

我国南北各地清明节都有吃馓子的食俗。"馓子"古时叫寒具，是一种用糯粉和面扭成环的油炸面食品，味道香脆精美，口感极佳。

北魏著名农学家贾思勰在《齐民要术》中就详细记载了三国两晋南北朝时期寒具的制作方法。

"馓子"历代又有"粔籹""细环饼""捻头"等名称。是用水和面，搓成细条，扭结为环钏形状，油炸而成。因其酥脆香甜，逐渐成为我国人民的日常点心。

在安徽，每逢节日，则以"馓子"祭祖并互相馈赠。回族、东乡族也做馓子，配料、方法和汉族不尽相同。后来，流行于汉族地区的馓子有南北方的差异：北方馓子大，以麦面为主料；南方馓子精细，多以米面为主料。

在少数民族地区，馓子的品种繁多，风味各异，尤以维吾尔族、东乡族和纳西族以及宁夏回族的馓子最为有名。

对于寒具，通常的解释是，古人过寒食，一天早晚不动烟火，只能吃冷食，而吃冷食对人的肠胃又没好处，又不如油炸食品容易储藏，且不伤肠胃，于是，人们便提前炸好一些环状面食，作为寒食期间的快餐。

既是寒食节所具，就被叫作"寒具"了。这类解释未必可靠，但是暂时还没有更可靠的解释。贾思勰在《齐民要术》里讲到寒具，说明寒具在两晋就已是一种流行食品。

我国民间比较著名的馓子包括：衡水馓子、济宁馓子、徐州馓子、淮安茶馓、回乡馓子、麻衣馓子等。

在西北地区的人们都有吃馓子的习惯，叫回乡馓子。一般情况下，这里汉族选在腊月底制作回乡馓子，过年时招待客人，在正餐前食用。而回族、撒拉族等一些少数民族的群众，在每年欢度传统的古尔邦节、尔德节、圣纪

节，以及婚丧大事中，都把馓子作为待客的主要面食食品。

麻衣馓子色泽黄亮，香脆味甘。过春节，有的汉族人家也请少数民族邻里巧手帮做油馓子，用以招待兄弟民族客人，可见油馓子亦成为各族人民共同喜爱的名点美食了。

馓子最常见的吃法，是用烙馍卷之。烙馍既不同于北方的单饼，也不同于很多地方都有的煎饼。烙馍作为一种徐州特有的面食，已有2000多年的历史了。

知识点滴

关于寒具还有个典故。

东晋时有个大将叫桓玄，此人附庸风雅，收藏了大量名贵书画，又爱显摆，每有朋友登门，就拿出来让人一同观赏。

一日，桓玄广邀宾客，大摆宴席，酒足饭饱之后，又取出一幅珍品请人品评。

那天的饭食当中有寒具，桓玄的客人吃寒具就像我们今天吃麻花那样，用手抓着往嘴里塞，一顿饭下来，手上都沾满了油，当大家在桓玄那幅画作上指指点点之时，油印子就转移到了画上，好好一幅画就这样被糟蹋了。

桓玄心疼得要命，从此吸取教训再请人吃饭一律不上寒具。

随俗雅化

　　唐代，唐玄宗把寒食节定为全国法定节假日，极大地提高了寒食节的影响和地位。

　　寒食清明节是在有些寒冷的春天，又要禁火吃冷食。人们担心有些老弱妇孺耐不住寒冷，也为了防止寒食冷餐伤身，便定了一些喜闻乐见的户外活动。到了隋唐五代时期，镂鸡子、斗鸡卵、走马、斗鸡习俗，吃乌稔饭、吃煮鸡蛋、吃子推馍食俗，以及在盛唐得以兴盛的马球运动等，成为了节日里较为常见的节日习俗。

　　特别是北魏、辽、金、元、明和清代兄弟民族的人民，对寒食节俗的认同和参与，通过寒食文化的交流、融合，对促进民族团结和政权巩固，具有潜移默化的巨大作用。

寒食节首次成为法定节日

唐代节令众多，最隆重的有八节，即元日、上元、中和、寒食、上巳、中秋、重阳、冬至。其中寒食最受到人们重现。

寒食清明节本是国人共度的节日，但其与诗人更有着不解之缘。

寒食清明，一则节日祭祖，文人们不免思乡念亲，神牵魂绕；

二则万象更新，百般随意，文人借景生情，感慨尤多；三则寒食节史话悠长，文人学识博闻，鉴古喻今，灵感顿生。

唐代诗人白居易《赋得何处难忘酒》诗句道：

> 何处难忘酒，朱门美少年。
> 春分花发后，寒食月明前。
> 小院迴罗绮，深房理管弦。
> 此时无一盏，争过艳阳天？

在诗人心目中，人生最难忘的事，不是他乡遇故知和金榜题名时一类的喜事，而是寒食节难得有酒喝。此情非白居易一人的感受。

在敦煌文书中，存有唐代进士王冷然的《寒食篇》。书中记载的内容反映出唐人对寒食节的看法，诗道：

> 天运四时成一年，八节相迎尽可怜。
> 秋贵重阳冬贵腊，不如寒食在春前。
> 焚火初从太原起，风俗流传几千祀。
> 算取去年冬至时，一百五日今朝是。

在唐代，上至宫廷，下至民间，都把寒食节视为重要的节令。人们会围绕寒食节展开一系列特点鲜明、格调突出的节令活动，其风俗也十分兴盛。

唐玄宗顺应民意，颁诏将寒食节拜祭扫墓编入《开元礼》中，并定为全国法定长假。

丰富多样的寒食清明活动，充实了社会生活，增进了社会人际和谐关系，对缓解社会矛盾，推动社会不断前进起了重要作用。

唐代寒食放假，也恩及官户和奴婢。据《唐六典》记载：官户和奴婢在元日、冬至和寒食三个节日，都要放三日假。

官户和奴婢是唐代等级最低下的人，一年到头苦于役使，仅有3次假休，而寒食就是其中之一。由此可见，寒食节在唐代整个社会生活中的地位是非常重要的。

这一时期，人们过寒食节不仅要求禁烟冷食，同时又增加了斗鸡、扫墓、踏青、荡秋千、馈宴、镂鸡子、蹴鞠和品新茶等内容。

后世传承唐代的习俗，寒食节又新增一项规定，即放假7天。寒食节活动又增加了赋诗、赏花、馈赠、斗百草、打瓦和放风筝等内容。

《全唐诗》卷李崇嗣的《寒食》记载："普天皆灭焰，匝地尽藏烟。万井人家初禁火，九原松柏自生烟。"《和宋之问寒食题临江

驿》记载："闻道山阴会，仍为火忌辰。"《奉天寒食书事》记载："处处无烟火，人家似暂空。"

寒食禁烟连皇宫内都不例外。唐代诗人元稹在《连昌宫词》中有"初过寒食一百六，店社无烟宫树绿"的诗句；北宋文学家李方叔的《寒食》道："千株密炬出严闉，走马天街赐近臣。"宋人宋白《宫词百首》道："寒食宫中也禁烟，郁金堂北画秋千。"

寒食节禁烟，尽管皇家有灵活机动的对策，但寒食传统习俗禁火冷食，连皇室也受到约束，这确是事实。这些诗咏，说明了唐代寒食节时家家灭火，从南到北，风俗如一。

唐代官方规定，寒食节放假7日，大小官吏及军队将士均可休息，长期以来已成惯例，其假期之长，在唐朝各节日中位居其首。

当时，唐代重要的藩镇淄青镇，曾长期处于割据状态，全镇之内，日修战备，约束甚严，节令娱乐也受到了严格的控制。

819年，唐朝平定淄青镇，田弘正出任节度使，采取了许多安定民心的措施，其中就包括寒食节依旧放假7日，并允许百姓任意游乐。寒食节的7日假日，从都城到州镇已约定俗成。

知识点滴

丰富多彩的清明节游戏娱乐

在唐朝，上坟扫墓、改火、治蚕室、斗鸡、打马球、蹴鞠、拔河、荡秋千、宴饮、踏青、插柳等，都已成了清明的习俗活动。

踏青活动在唐代尤为盛行，清明踏青之盛况，唐代诗人杜甫就曾记载皇家游春踏青的盛景："三月三日天地新，长安水边多丽人。"千百年来，踏青渐成一种仪式，"逢春不游乐，但恐是痴人。"白居易的《春游》诗正是这种心境的写照。

唐代以前，拔河从军营传到民间，到唐代又从民间进入宫廷，致使这一运动上至皇帝下至百姓都极为提倡，并在朝野、民间盛行。

《封氏闻见记》中记载：

> 拔河，古谓之牵钩，
> 襄、汉风俗以正月望日为
> 之。相传楚将伐吴，以为
> 教战。

《封氏闻见记》还记载，
唐代拔河采用的是木麻制绳，
绳长约为40丈到50丈。典籍里
还详细描述了唐代拔河运动的盛况。唐中宗与唐玄宗时期，朝廷对拔
河运动十分推崇，该运动因此在皇宫内外非常盛行。

710年清明，唐中宗李显移驾梨园球场，在这里举行宫女、大臣的
拔河比赛。韦皇后以及爱女安乐公主也前来观看。

唐中宗下令文武三品以上分朋拔河，以预祝今年丰收。据载，韦
皇后当场指定：中书门下省萧至忠、韦巨源、唐休璟三位大臣和五位
将军为西队，尚书省七位大臣以及两位驸马为东队。

中书令萧至忠眼见西队多是六七十岁的老头，还少一人，急忙奏
请重新分定。安乐公主护夫心切，因为夫婿驸马武延秀在参赛东队，
便抢先表态，死活不肯变动。皇上见爱女坚持，也就没有更改，萧至
忠只好遵旨比赛。

一声鼓响，参赛双方齐力拉绳。僵持不一会，西队输惨，可怜
六七十岁的唐休璟、韦巨源二人，随着绳子仆倒在地，久久爬不起
来。唐中宗、韦后、公主以及宫女们无不大笑起来。

唐玄宗李隆基也喜欢拔河比赛。唐人封演《封氏闻见记》载，在长安京城，唐玄宗举办了一次千人拔河赛事。千人聚集，"喧呼动地，蕃客士庶观者，莫不震骇"。

当时李隆基赋诗《观拔河俗戏》描摹了这次千人拔河的盛况：

壮徒恒贾勇，拔拒抵长河。

欲练英雄志，须明胜负多。

噪齐山岌嶪，气作水腾波。

预期年岁稔，先此乐时和。

除了拔河，唐代的寒食节更盛行斗鸡游戏。我国斗鸡习俗可谓是历史悠久，在《战国策》《史记》《汉书》等史籍中提到的斗鸡典故甚多。

之后又有《邺都故事》记载："魏明帝太和中筑斗鸡台。"曹植观斗鸡后作了乐府杂曲辞《斗鸡篇》。到了唐代，寒食节斗鸡已成为皇宫中不能缺少的娱乐项目之一。

斗鸡是一种观赏两只或数只鸡相斗的游戏项目。斗鸡由清明那天开始，一直斗到夏至为止。

斗鸡游戏起源于隋代，到了唐代更加盛行。

据隋代杜台卿著《玉烛宝典》记载：

寒食节城市尤多斗鸡斗卵之戏。

人们不惜重资购买健斗之鸡，调习既娴，至期登场。斗鸡时，人们把五色幔盖在笼上，背场开笼，有敢临阵争斗的鸡，任它们饮啄自如。如果多至三四百只鸡且不惧怕的鸡，这只鸡就稳操胜券了。

斗胜的鸡用彩线结成小球，分别缠在颈部和膀部，入笼迎归。鸡的主人所获得的珠翠罗绮不下于百两黄金。由此可见，当时斗鸡场面是何其壮观。

斗鸡之戏在历史上可以说是经久不衰。据刘肃所撰的《大唐新语》记载：太守戥内难作为御史大夫，有《咏鸡》诗，可谓是一幅绘影绘声的斗鸡图。

寒食东郊道，阳沟竞草笼。

花冠偏照日，芥羽正生风，

顾敌知心勇，先鸣觉气雄。

长翘频扫阵，利距屡通中。

飞毛遍绿野，洒血渍芳丛。

虽云百战胜，会自不论功。

　　唐文宗时期，皇上也喜欢观斗鸡。唐代诗人王勃也曾被召署府任修撰一职。据《旧唐书·王勃传》记载：王勃在诸王寒食斗鸡时，"檄英王鸡"，结果被唐高宗怒斥后驱出府。

　　唐代寒食清明节继承了前代镂鸡子、斗鸡卵的习俗，并且推陈出新，大盛其风。

　　镂鸡子，就是将鸡蛋雕刻成各种图样花案，有的还涂上色彩，制成精美象形的工艺食品。"雕卵"同"画卵"，在《古代的食品雕刻——镂鸡子》一文中认为："雕卵"是用工具雕刻鸡蛋，"画卵"则是在鸡蛋上绘画染色，后来二者合一，即成为"镂鸡子"。

　　"镂鸡子"通过绘画和雕刻这两道必不可少的工序而达到了食品雕刻的高度完美的艺术境界，而"镂鸡子"也成为当时真正意义上的食品雕刻。

　　古时，寒时节的镂鸡子大致分为两种，一为画蛋，一为雕蛋。前者为食用，后者主要供玩赏及祭献。画蛋，是将鸡蛋或鸭蛋煮熟后，用茜草汁为染料在蛋壳上描绘花卉。开始无色，过数日后颜色渐显，由浅蓝色变为红色。蛋壳剥去后，蛋白上便显现出玲珑剔透的图案。

　　雕蛋则是将蛋煮熟后，先用笔在蛋壳上画好图案，然后用刀雕刻，将蛋白、蛋黄取出，使整只蛋镂空，俗称"镂鸡子"。

　　这种习俗盛行于唐代，唐天宝年间皇家寒食节朝陵所用的供品，即有饧粥雷车和鸡球，一直流行到清末。

　　《全唐诗》中载有一首骆宾王《镂鸡子》诗，算是对镂鸡子的绝妙描写：

幸遇清明节，欣逢旧练人。
刻花争脸态，写月竞眉新。
晕罢空余月，诗成并道春。
谁和怀玉者，舍响未吟晨。

　　诗中把善镂鸡子的人称之为"练人"，以示其雕刻技能的熟练和高超，同时把雕刻的形态和手法也栩栩如生地勾勒出来。

从诗中可见，鸡蛋被镂成人脸的形状，眉眼俱在，光晕逼真，充分说明了我国古代的食品雕刻有着悠久的历史和丰富的技巧。

寒食游乐期间，还有一系列的健身运动和娱乐游戏，例如"走马"。在唐代，骑马是人们主要的交通方式，也是一种强身健体的运动形式和优雅自得的消遣方法。每当寒食来临，人们总爱走马出游，或奔驰于广阔原野，或闲步于草地丛林，或逗留在花间柳下，各自寻觅着不同的自然风光。

在盛唐时期，清明节颇为盛行打马球运动。打马球作为古代一种户外运动，称之为"击鞠""击球"或"打球"。击鞠相传最早由华夏鼻祖黄帝发明，最初的目的是用来训练武士。在我国古代文献中，"击鞠"一词最早出现于曹植所著《名都篇》中。

马球约有成人拳头大小，球体中空。原料是一种质地轻巧并且非常柔韧的特殊木材，球做好以后，外面还要涂上颜色，并且要请工匠在球的表面进行精致的雕刻，因此制成的马球不仅是竞技运动的工具，还是非常精美的工艺品。

击鞠另一件必不可少的比赛工具是球杖，因为打马球竞技的比赛者是骑在马背上击

球，所以球杖要求特别长，球杖的顶端如偃月一般弯曲回来，可以将急速滚动的马球挡住。

当然，进行击鞠运动，最昂贵的花费还是马匹。这样的高成本也就注定了它的贵族属性，唐代时的马球运动，从军队到民间，无不欣喜为之，构成了极为壮观的体育集会。

唐代的击鞠有场地、有规则、有双方队员、有取胜技巧，并体现出参赛者的勇敢精神和整体配合。长安军队中有所谓"两军球会"，军人们纵横急驰，大比其艺，其场面气势磅礴。

而进士们则举行"月灯阁球宴"，动作潇洒从容，文质彬彬。皇家寒食内宴，也总少不了马球的表演。

击鞠分为单、双球门两种比赛方法。单球门是在一个木板墙下部开一尺大小的小洞，洞后有网囊，以击球入网囊的多少决定胜负；双球门的规则与现代马球类似，以击进对方的球门为胜。

唐代中叶，更是出现了数位热爱户外运动的最高统治者。唐僖宗曾跟人夸口，说如果朝廷设置马球进士科，他能拿状元。

　　不过，若是真在唐朝皇帝里选马球状元，恐怕还是李隆基最够资格。这位"春宵苦短日高起，从此君王不早朝"的皇帝，年轻时可是举世瞩目的体育明星。

　　24岁的李隆基还是临淄王时，有一次参加庆祝与吐蕃和亲的国际邀请赛，神策军和皇宫内的球队都输给了吐蕃队，这时李隆基临时组织了一个贵族球队，以先发主力打满全场，驰骋球场连连得分，为唐王朝第一次外交球赛赢得胜利，也算是体育外交的先行者了。

　　上有所好，下必甚焉，天子喜爱的运动自然是天下第一运动，马球也就成了大唐不折不扣的国球。由于马球运动对于场地、人员都有较为严格的要求，所以寒食击鞠，多为朝廷、显贵或军队所组织。民间仅是散骑闲打，大部分人都是作为观众而围绕在球场四周。

　　蹴鞠运动也是唐代清明节的一种重要活动。蹴鞠起源于春秋战国时期的齐国故都临淄。到唐宋时期最为繁荣，经常出现"球终日不坠""球不离足，足不离球，华庭观赏，万人瞻仰"的情景。

杜甫《清明》诗中也说：

十年蹴鞠将雏远，万里秋千习俗同。

杜甫的诗中也说明了蹴鞠习俗的普遍。唐朝时称得上全民踢球。上自皇上、王公贵族，下到庶民百姓、走卒脚夫都爱玩蹴鞠。

比如韦应物的《寒食后北楼作》一诗中写道：

园林过新节，风花乱高阁。
遥闻击鼓声，蹴鞠军中乐。

写寒食节时，军兵们伴着鼓乐之声，在兵营中玩蹴鞠，阵阵欢声被春风远远吹送过来。

唐穆宗的儿子唐敬宗李湛，继位时是个十五六岁的孩子。他打起马球来排场更大，场上他骑马打球，场下还要有乐队伴奏，烘托气氛。

这位暴虐的皇帝经常半夜打球，时有"碎首折臂"的危险事情发生。

有一次他从郊外打猎回来，半夜心血来潮，要打球作乐。这时人困马乏极易发生危险，李湛不听劝告一意孤行，非要人伤马残不可，几个打球供奉私下商量，打也死不打也是死，于是干脆把唐敬宗给杀了。

可见，凡事适可而止，玩物不仅丧志还有丧命的风险。

知识点滴

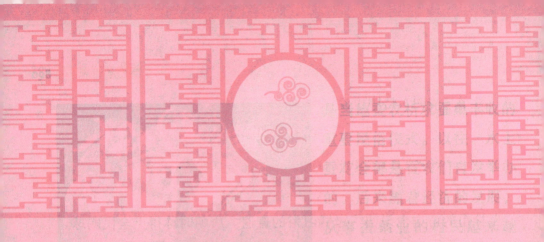

清明节饮茶的盛行和演变

　　唐代是一个格外注重节日的朝代，每逢节令到来，举国上下为之欢庆，而其饮食、好尚、游乐、交际等社会活动及家庭生活也紧密相应，形成唐代的特色。

　　在唐代，清明节受到了格外重视。作为清明节最重要的饮食习俗

之一的饮茶也发生了诸多变化。当时，四川是茶叶之乡，随着民族的统一，四川的种茶和饮茶习俗开始向外传播。先是流传至长江流域，再逐渐从北方传播到西北。

　　茶原为我国南方的嘉木，茶叶作为一种著名的

保健饮品，是古代南方人民对我国饮食文化的贡献。我国饮茶的起源要追溯到上古时期的神农氏。

我国是茶的故乡，茶文化是中华5000年历史的瑰宝，茶文化更是风靡全世界。这不仅仅是因为喝茶对人体有很多好处，更因为品茶本身就能给人们带来无穷的乐趣。

清明节品茶是古时上层人物享受的奢俗。饮茶有健脾胃、止渴、提神等诸多益处，但是在古代，茶在清明时节很是昂贵，普通人很难品出其中滋味。

古代的皇室及其近臣也有清明节饮新茶的奢俗。为此，南方一些产茶的地区也有了按期完课纳贡茶的成规。

在清明时节采摘的茶叶嫩芽，为新春的第一次出茶，名为"清明茶"，一般叫春茶。

关于清明茶来历，据古文献记载，历代王朝，都于清明节前从遥

远的地方进贡，岁岁入官。并且，朝廷还专门设有种茶基地，以供皇室"清明会"祭天祀祖之用。"清明茶"之名便由此得来。

随着历史的发展，关于"清明茶"的提法逐渐淡远，也极少有人还把茶作为清明时祭祀故去亲人的做法了。取而代之的，是各种关于清明前上品茶的各个种类，如，"竹叶青""一枝春""剑芽""明前绿"等，而更多的人习惯地把这些茶统称为"明前茶"。

西汉后期至三国时期，茶已经发展成为宫廷的高级饮品了。如在汉代《赵飞燕别传》中，就有一节关于饮茶的记载。

据说，汉成帝去世以后，皇后在睡觉时忽然惊醒，并哭啼了很长时间。侍者不知是什么原因，而皇后却啼哭不止。侍者问道：皇后娘娘，因何啼哭？您要节哀顺便，保重身体才是！

皇后闻听此言，方才醒过神来，说：我刚才梦见皇帝，皇帝在云中赐座给我，皇帝命人进茶。皇帝左右上奏皇帝，皇后平时侍奉皇帝不周，不应该喝此茶。可见当时，茶已成为皇室中的一种饮品了。

每逢清明节，王室贵族都要宴饮新茶。清明节的新茶，要在数千里外及时奉送到，在清明前采的茶为上等茶，专人先于清明时把上等茶收买回来，再焙干箬叶，采贡茶时又有郡守现场指挥，所有这一切为的都是为清明宴做准备。

唐代清明节饮茶习俗还有许多别出心裁之举。据《事词类奇》载，唐德宗煎茶，好加酥椒之类。苏东坡在《试院煎茶》歌中，列举了许多与众不同的煮茶法：

蒙茸出磨细珠落，眩转绕瓯飞雪轻。
银瓶泻汤夸第二，未识古人煎水意。

知识点滴

提起饮茶，自古以来，无论达官贵人还是平民百姓，但凡有品茗雅兴之人都讲究茶道。

茶道是烹茶饮茶的艺术。是一种以茶为媒的生活礼仪，也被认为是修身养性的一种方式，它通过沏茶、赏茶、闻茶、饮茶，增进友谊，美心修德，学习礼法，是很有益的一种和美仪式。

喝茶能静心、静神，有助于陶冶情操、去除杂念，这与提倡"清静、恬淡"的东方哲学思想很合拍，也符合佛道儒的"内省修行"思想。茶道精神是茶文化的核心，是茶文化的灵魂。

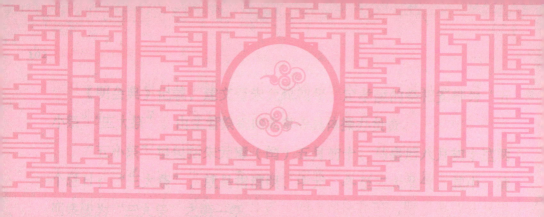

寄托无限哀思的重大节日

据《岁时百问》记载："万物生长此时，皆清洁而明亮。故谓之清明。"

到了清明这天，天气回暖，正是春耕春种好时节，同时也是惜春正命、纪念亡人的绝佳时机。

唐代统治者允许百姓将寒食节扫墓祭祖的习俗延续至清明这天，以此来强化慎终追远、敦亲睦族的孝亲传统，从此清明初具节日的性质。

清嘉庆二十二年（公元

1817年）《长沙县志》记载：

> 清明日，设酒肴荐先墓，标纸钱于上，去墓草而加土，谓之扫墓。

清嘉庆二十三年（公元1818年）《善化县志》记载：

> "清明"上冢，用本色纸剪缠竹枝，谓之"春条"，插冢上祭拜。

清明祭扫坟茔，是和丧葬礼俗有关的节俗。据载，古代"墓而不坟"，就是说只打墓坑，不筑坟丘，所以祭扫就不见于载籍。后来墓而且坟，祭扫之俗便有了依托。

秦汉时代，墓祭已成为不可或缺的礼俗活动。据《汉书·严延年传》记载，严氏即使离京上千里，也要在清明"还归东海扫墓地"。

我国古人祭祀的形式大致有三种：

一是较为普遍的方式，即在祖宗葬地举行，俗称"上坟"。时间主要是忌日和重大传统节日，如除夕、清明、中元节、十月初一等。

第二种方式是家祭。即不用到坟上去，或与上坟同时进行，把写有直系宗祖的牌位或谱系图供在正堂或"家庙"，全家或全族人一齐祭祀，在家祭的称"请家堂"，仪式十分庄重。

第三种方式是清明节扫墓，也被称为寒食展墓。其过程大致是寒食节这一天，一家人或一族人一同来到先祖坟地，然后致祭、添土、挂纸钱。因这项活动与千家万户的生老死葬休戚相关，因而在民间尤为看重，被视为"野祭"。

尤其是，古代帝王在组织官方编修五礼时，为了给世人这种追贤思孝的野祭正名，特敕令将寒食节展墓编入五礼之中的第一项吉礼中，使其永为恒式。

此后，寒食节展墓，名正言顺地成为官方倡导的拜扫礼节。皇亲贵族也跻身于寒食祭陵展墓行列。

既要展墓就要提到纸钱。纸钱是古人祭祀时用以礼鬼神和葬礼及扫墓时用以供死者享用的"冥币"，因之又称冥钱。一般是将白纸剪成铜钱的形状，或抛撒于野外墓地，或焚化给死者，民间将此称为撒纸或烧纸。

在《史记·酷吏列传》中就有关于纸钱的记载："会人有盗发孝文园瘗钱。"

由此可知，纸钱之俗早在汉代就有了。魏晋以后，南朝齐之时，人们普遍改为以纸寓钱祭灵。此俗一直沿袭下来。世间事，过眼烟云，朝更夕改，唯有寒食展墓之俗如阳露春草，岁岁年年。

到了隋唐时期，寒食节主要活动项目已逐渐演变为关系千家万户的祭祖扫墓，而为纪念介之推举行的禁烟吃冷食已退居其次。

　　寒食展墓之俗因其魂系祖脉，根连骨肉，至后来已演变为四海同祭，九原焚帛，生者展孝，鬼神享食的天下第一祭日。

　　自古至今，上坟祭扫都是我国上至朝廷，下至百姓的重要活动。其主要包括两项内容：一是挂纸烧钱，一是修整坟墓。

　　唐代以前，我国已有烧纸钱祭亡灵的习俗，但因寒食期间禁火，墓祭也不能烧纸钱，人们便将纸钱插、挂在墓地或墓地旁边的树上，有的是用小石头压在坟地上，表示后辈给先人送来了费用。

　　这就出现了一个疑问，古人认为，给先人使用的物品如果不焚烧，是无法过到另外空间去的，当然食品除外。

　　在我国，从古至今，不管是宗教还是民间，都有烧香或烧纸钱的习俗。这个纸钱如果不焚烧，阴间的先人就不好用。

　　清明节是我国三大鬼节之一，另外两个鬼节是农历七月十五、十月初一。"鬼节"即是悼念亡人之节，是和祭祀天神、地神的节日相对而言的。

　　清明祭祀的参与者是全体国民，上至君王大臣，下至平头百姓，

都要在这一节日祭拜先人亡魂。

从唐朝开始,朝廷就给官员放假以便归乡扫墓。参加扫墓的人也不限男女和人数,往往倾家出动。这样清明前后的扫墓活动,常常成为社会全体亲身参与的事,数日内郊野间人群往来不绝,规模极盛。

清明节的祭祀活动,首推涉及千家万户的上墓祭扫。但除了上坟扫墓外,历史上这一天还有一系列其他祭奠活动。

首先是皇家祭陵,这一活动历朝奠仪也不尽一致。如639年唐太宗拜献陵,规定帝谒陵,距陵5000米处设有座位和斋室,还规定皇祖以上至太祖陵寒食日都要设祭。

除了皇家祭陵外,寒食清明较为隆重的祭仪为祭祀孔林。据《山东通志》与《曲阜县志》记载,曲阜孔林是孔子先师之墓,此地受天至精,纯粹睿哲。

历代规定这里祀期为一年两祀,即春用寒食节、冬用农历十月朔日。奠仪由孔子后裔衍圣公主祭。

除孔林外,曲阜城东10多千米处有启圣林庙,是孔子父亲的葬

地。这里规定一年两祭时间为春用清明节，冬用农历十月初三，也由衍圣公主祭。

由此可见，清明节从古至今就是华夏子孙的祭祀重要节日。

作为鬼节，清明之祭主要是祭祀祖先和去世的亲人，表达祭祀者的孝道和对死者的思念之情。清明节属于鬼节而通常不被冠以鬼节之名，就在于它所祭祀的主要是善鬼、家鬼，或亲近者的亡魂，重在表达孝思亲情。

而另外农历七月十五和十月初一两个鬼节则连恶鬼、野鬼也一并祭祀，重在安抚鬼魂，不让它们作祟。

知识点滴

过去，山西晋南人则将扫墓的时间分为两次。一次在清明前几天，是各家分头去扫墓。第二次是在清明当天，一个村里同姓的各家派出代表，同去墓地祭祀共同的祖先。

上海人扫墓时间，新坟旧坟有别。凡是新近过世的，过了七七四十九天而没做过超度法事的，要在清明节这天请僧道诵经做法事或道场。

如果是老坟已做过法事或道场，扫墓不一定在清明当天，可以前后放宽些，但不能超出前7天后8天的范围，俗谓："前七后八，阴司放假。"意思是过早或过迟都会失灵。

已然成节

　　到了宋元明清时期，清明节的一些习俗已经演变成丰富多彩的饮食习俗和民间娱乐活动。

　　饮食习俗主要有：滋身养体的吃青精饭食俗、始于宋代的吃青团食俗、吃螺蛳和润饼菜食俗，以及品类丰富的老北京清明节寒食。娱乐习俗主要有：应时应景的清明赏花习俗、热闹非凡的清明蚕花会、城隍庙求愿习俗等。

　　后世流传下来的北宋张择端的《清明上河图》中描绘的就是北宋徽宗年间，清明时节东京汴梁汴河两岸的繁华景象

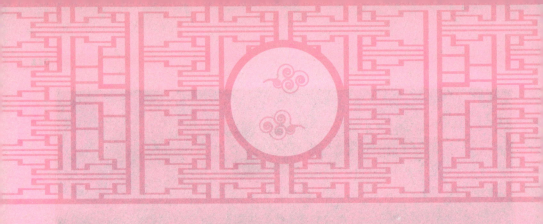

宋代清明习俗的进步发展

清明节自古以来便为历代所重视。到了唐宋时期，扫墓、插柳，以及吃馓子、五侯鲭、食粥等节日习俗仍在继续，并更趋盛行。

宋代江南诗派的重要人物高菊涧在《清明》一诗中就形象地描述了宋人清明上坟的情形：

南北山头多墓田，清明祭扫各纷然。
纸灰飞作白蝴蝶，泪血染成红杜鹃。
日落狐狸眠冢上，夜归儿女笑灯前。
人生有酒须当醉，一滴何曾到九泉。

由此可见，寒食、清明节既是家家上坟、人人扫墓之日，同时又是生者相聚，亲友相会之时。

在节日中，饮酒是不受限制的。此时的酒，是悼念的酒、祭奠的酒、思念的酒。人们除了在"江头吃饮，践踏青草"外，还在"芳树之下，园圃之内，罗列杯盘，互相酬劝"。人们在节日中欢饮美酒，吃着节日美食，悠闲而自在。

据说，大文豪苏东坡在徐州任职期间，特别喜食馓子，他在《寒具诗》中写道：

纤手搓成玉数寻，碧油煎出嫩黄深。
夜来春睡无轻重，压扁佳人缠臂金。

由诗中足见馓子受欢迎的程度。自古文人总是借物抒怀，苏东坡在《次韵孔毅父集古人句见赠五首》其二中生动地描绘了宋代人在清明节吃五侯鲭的感受。

紫驼之峰人莫识，　杂以鸡豚真可惜。
今君坐致五侯鲭，　尽是猩唇与熊白。
路傍拾得半段枪，　何必开炉铸干戟。
用之如何在我耳，　入手当令君丧魄。

清明节插柳是自古有之的传统习俗，到了宋代仍在沿袭。

每年的清明节，皇宫内依然要举行清明馈宴等娱乐活动。

北宋著名文学家欧阳修，曾有幸参加在禁苑内皇帝寒食馈宴，有感而作《三日赴宴口占》诗写道：

九门寒食多游骑，三月春阴正养花。
共喜流觞修故事，自怜双鬓惜年华。

可见，当时能享受朝廷馈宴之邀，实属幸事。而宋政府对清明节的假期也有了相关规定。如，对产盐区的居民有特别规定。

据《食货志》记载：1008年，就是大中祥符元年，下诏泸州南井灶户，遇正、至、寒食，各给3天假。

南宋时期，清明实行禁火规定。可是，到了南宋后期，寒食节禁火的规矩就不那么严格了。一些地方的民众有在寒食节烧纸钱的，也有改在清明节取新火以后再去扫墓。

所以，过寒食节的习俗只在少数地方还保留着。由于寒食及禁火禁烟对人们的生活造成一些不方便，一些地方过寒食节也只是清明节前的一天时间，有的地方甚至寒食节、清明节都不分了。

发展到后来，寒食节已经完全被清明节取代。清明节假日期间扫墓、踏青、荡秋千等，已成为人们生活的一部分。

宋代，清明饮食习俗也发生了很大的变化。著名诗人杨万里《送新茶李圣俞郎中》诗道：

细泻谷帘珠颗露，打成寒食杏花饧。

金代诗人元好问的《茗饮》说道：

槐火石泉寒食后，鬓丝禅榻落花前。
一瓯春露香能永，万里清风意已便。

由此可见，饮茶这一习俗在宋代也是长兴不衰。除了清明饮茶，在宋代秋千已成为专供妇女玩耍的游戏，人们荡秋千是为了练习轻捷和矫健的能力。

由于清明荡秋千随处可见，后世朝廷便把清明节定为秋千节，皇宫里也安设秋千，供皇后、嫔妃、宫女们玩耍。由此可见，荡秋千已成为上自宫廷下至普通百姓喜闻乐见的健康娱乐活动。

除了上述清明娱乐习俗，清明最重要的饮食习俗就是吃青精饭。

青精饭也叫乌米饭，是江苏省的著名点心，是以乌饭树之汁煮成的饭，颜色乌青，为当地居民寒食节的重要食品之一。主要是为滋补身体，祭祀祖先，相传为道家所创。

青精饭原本是民间食品，早在唐代就已经产生了。

在江苏宜兴、溧阳、金坛、南京和皖南一带的农村，每逢农历的四月初八，多数人家都会用乌饭树叶煮乌米饭食用，清明节吃乌米饭也就逐渐形成习俗。

制作青精饭主要是用南烛木，南烛木也名"黑饭草"。青精饭的具体制作方法是采用南烛木的枝叶，捣成汁，用汁浸米，再蒸饭，晒干。关于"南烛木"，北宋的沈括在《梦溪笔谈》中也有记载：

> 南烛草木，记传、《本草》所说多端，少有识者。为其作青精饭，色黑，乃误用乌桕为之，全非也。此木类也，又似草类，故谓之南烛草木，今人谓之南天烛者是也。
>
> 南人多植于延槛之间，茎如蒴藋，有节；高三四尺，庐

山有盈丈者。叶微似棟而小。至秋则实赤如丹。南方至多。

青精饭的制作方法古今不一。有的先将米蒸熟、晒干，再浸乌饭树叶汁，复蒸复晒九次，所谓"九蒸九曝"，成品米粒坚硬，可久贮远携，用沸水泡食。

后来，在江南一带，青精饭是清明当天做当天吃，不"九蒸九曝"。具体做法是：初夏采乌饭树叶洗净，舂烂加少许浸泡米，待米呈墨绿色捞出略晾；再将青汁入锅煮沸，投米下锅煮饭，熟后饭色青绿，气味清香。

青精饭之所以被称为"乌饭"，是因其用乌饭树的汁做配料。乌饭树属于杜鹃花科，一种常绿灌木，在我国的南北各地均有野生，在江淮一带每到寒食节，人们便采树叶煮成乌饭。

青精饭不仅为普通百姓家所需，更为神仙家垂青，认为久服可以益颜。"青精"二字，给人以色泽的素朴和质地的晶莹坚硬感，如一粒粒青宝石，使人产生"食用青精饭的一定都是餐风饮露、辟谷食气的仙人"的联想。

青精饭在一些地区还被用作清明节的供品。这个风俗的来源有两种说法：

一种说法是为了纪念晋文公的臣子介之推。为纪念介之推，晋文公又下令把介之推被烧死的这一天定为寒食节，以后年年岁岁，每逢寒食节都要禁止生火，吃冷饭，以示追怀之意。

另一种说法认为寒食节源于周代的禁火旧制。当时有逢季改火的习惯。春末出火，在这之前告诫人们禁止生火，要吃冷食。

除了吃青精饭习俗，人们在寒食节也食各种花粥，最典型的要数梅花粥。宋人杨万里有《寒食梅粥》诗为证：

才看腊后得春饶，愁见风前作雪飘。

脱蕊收将熬粥吃，落英仍好当香烧。

可见，清明节的饮食习俗是随着年代的变迁而越发多样化了。

清代吴炽昌在《客窗闲话》中记载了一个叫魏元虚的人，旅食燕赵间，独居困顿。中秋之夜，一得道仙女来报答他前世之恩，但不肯与魏亲近，只是对坐举箸互酬，从筐里拿出青精饭共食。只有青精饭才能配得上这样不落俗套的仙女报恩的故事，和这样不可亵玩的女子呢。但传说终归是传说，不过青精饭确实本是道家在山中修炼时日常所食，后来成为隐士逸人的"清供"食品。

后人诗句有表现。赵翼曾摘录《放慵》诗道："道士青精饭，先生乌角巾。"黄庭坚有诗道："饥蒙青精饭，寒赠紫驼尼。"

知识点滴

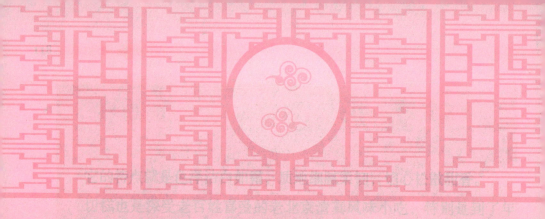

兴盛于江南的吃青团食俗

清明时节，江南一带有吃青团子的风俗习惯。青团，又叫清明果，是我国江南和上海一带清明节时的祭祖食品之一，因为其色泽为青绿所以叫作"青团"。

青团外皮松软，肉体松糯，不甜不腻，味道清香，有青草香气，有点黏但不粘牙，青团的夹心多为豆沙。

青团始创于宋代，是清明节的寒食名点之一，当时叫作"粉团"，到了明清开始流行于江浙和上海，后来青团的祭祖功能逐渐淡薄，而更多的人把青团当作春天的时令点心来食用，也用以馈赠或款待亲友。

青团子是用一些野菜捣烂后挤压出汁，接着取用这种汁，同晾干后的水磨纯糯米粉拌匀糅合，然后开始制作团子。野菜主要是嫩艾、小棘姆草、泥胡菜、艾蒿和鼠曲草等。

泥胡菜汆水后色泽碧绿，以前常用，后来用的已不多见。放入大锅后，加入石灰蒸烂，漂去石灰水，揉入糯米粉中，做成呈碧绿色的团子。

团子的馅心是用细腻的糖豆沙制成，在包馅时，另放入一小块糖猪油。团坯制好后，将它们入笼蒸熟，出笼时，用毛刷将熟菜油均匀地刷在团子的表面，便做好了。

青团油绿如玉，糯韧绵软，清香扑鼻，吃起来甜而不腻，肥而不腴。青团还是江南一带人用来祭祀祖先必备食品。正因为如此，青团在江南一带的民间食俗中格外重要。

江南吃青团最早也可在周代找到线索，《周礼》记录当时有"仲春以木铎循火禁于国中"的规矩，于是百姓熄炊而"寒食三日"。

寒食三日充饥传统食品中有一种"青精饭"，寒食节时，人们采摘阳桐叶，以细冬青染饭，所成之饭色青而有光。

当时这种青精饭用以祭祀，随着制作方法的更新，后来逐渐转变为青团。在当时的集市上也有卖青团熟藕的冷食，人们争相购买后，将其作为祭祀祖先的用品。

浙江省临海市的青团上色一定要用一种叫"青"的野菜，苏州、杭州这些地方一般用青菜汁、嫩丝瓜叶汁增色，将"青"煮熟捣成汁与糯米粉和在一起。

"青"也叫鼠曲草，正因为有了青使得临海的青团有别于其他地方的香味。临海青团的馅料有咸、甜两个样式，甜的为豆沙，而咸的则是豆腐干丁、笋丁、肉丁、咸菜等。

为了能使咸、甜两种样式分清，甜的包成圆形而咸的包成饺子状。最后用鲜楮树叶垫到底下用蒸笼蒸15分钟就完成了。

制作青团的方法还有很多，其一是把艾草洗干净用水焯一下，在焯的时候，可以加一点点石灰水，这样能去掉苦涩味，如果不加，就多洗几遍。然后加点水，打碎就可以得到艾草汁了。

把糯米粉和黏米粉按3比1的量调好，加入艾草汁和成面团，然后加入豆沙馅，包成小孩拳头大小的团子。最后一道工序就是上火蒸。

蒸熟后把青团放凉了，就可以吃了。制作好的青团食用起来清甜甘香，软糯可口，带有艾叶香气。

方法二是用艾草摘取嫩茎和叶，洗净后放入加有碱水的沸水中，碱水具有保持青绿颜色的作用，煮沸后待艾草发软后捞出，滤出汁水待用。

做青团之前再用清水洗去碱水，再把这些漂洗干净的艾草用纱布包着挤干水分后用刀斩碎，再用手掰成一小戳一小戳的待用。

糯米粉与籼米粉以1比1的比例对和后加水和至半潮，把粉放入大蒸笼，粉顶上放艾草，开始放在锅里蒸熟。待锅中的青团香味四溢时，就表明食物蒸熟了。

此时，就要端起蒸笼倒到石臼中，男人手握大石杵，先用小气拈，把艾草和粉拈在一起。拈完以后，男人捣、女人在一边翻着粉。每捣一下就要翻一下盖住捣出来的窟窿。

最后，粉变得黏滑没有颗粒感了，就可以拎到盆里放在桌子上了。这时要赶紧趁热"捉"，把这个半成品拉出来再从拇指与食指间挤出一个小团，拍扁了裹上金黄色的松花粉，一个又香又滑又糯的青团就出炉了。

知识点滴

在我国古代，每逢寒食节，人们便不生火做饭，只吃冷食。青团就是事先做好无需加热的食品。或者根据各人喜好包裹进不同的馅料蒸制而成。

在我国其他地区也有类似的传统糕点，制作方法及食用习俗与青团大同小异，皆为清明前后的糯米或黏米制成。

在广东及台湾客家地区称为"艾粄"，江西客家地区称为"艾米果"，在闽南及潮汕地区称为"艾粿"，而广府地区则常称作"艾饼"。

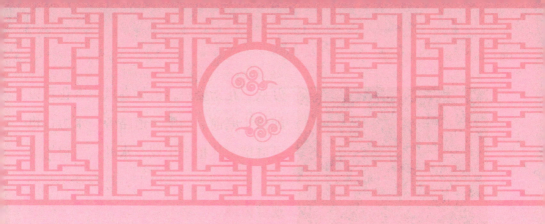

热闹非凡的赏花和蚕花会

每到寒食清明时节，真可谓是"春禽得意千般语，草卉无名百种香"。春风恰应时节，花开尽如人意。此种时节，正是人们游春赏花的大好季节。

自古以来，我国民间就有"上有天堂，下有苏杭"的说法。杭州清明节赏花，无疑要胜于其他地方。

寒食清明节赏花的品种有数十种之多。其中主要品种有杏花、海棠花、牡丹花、梨花以及杜鹃花等。

杏是我国著名的观赏树木，其花色又红又白，胭脂

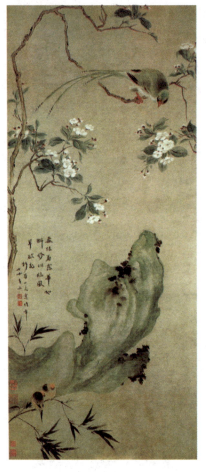

万点，花繁姿娇，占尽春风。杏花可以配植于庭前、墙隅、道路旁、水边，也可群植、片植于山坡、水畔。杏树树龄长，可活到一百年以上，是春季主要的观赏树种。

在元代诗人刘炳的《寒食客秦淮》中就有关于杏花的诗句：

今年寒食客秦淮，
杏花李花无数开。

海棠花开娇艳动人。由于花色艳丽，一般多栽培于庭园供绿化用。海棠花姿潇洒，花开似锦，自古以来是雅俗共赏的名花，素有"花中神仙""花贵妃""花尊贵"之称，在皇家园林中常与玉兰、牡丹、桂花相配植，有"玉棠富贵"的意境。

海棠花常植于人行道两侧、亭台周围、丛林边缘以及水滨池畔等地方。

明代僧人明秀《过孙山人故居》诗写道：

燕子归来寒食雨，春风开遍野棠花。

描述的就是寒食节时野棠花盛开的景象。

牡丹花是我国固有的特产花卉，被拥为花中之王，有关的文化和绘画作品很丰富。作为我国国花，牡丹花有数千年的自然生长和两千多年的人工栽培历史。其花大、形美、色艳、香浓，为历代诗人所称颂，因而素有"百花之王"的美誉。

牡丹作为观赏植物始自南北朝时期，文献多有记载。刘赛客的《嘉记录》说："北齐杨子华有画沫丹"，牡丹既已入画，其作为观赏的对象已确切无疑，可见牡丹在我国至少已经栽培了1400年。

到了唐代，牡丹栽培开始繁盛。牡丹花大色艳，品种繁多。

宋人毛滂在《寒食初晴见牡丹作》中就有这样的佳句：

> 魏紫黄绿欲占春，
> 不教桃杏见清明。

梨花，别名玉雨花、瀛洲玉雨，通常指梨树上盛开的纯白色的花，常见于古诗词中。梨既是一种著名果树，又是著名的观赏植物。我国人民自古以来就喜爱梨花，并对其赋予了许多诗情画意。

宋代诗人陆游有诗道：

> 粉淡香清自一家，未容桃李是年华。
> 常思南郑清明路，醉袖迎风雪一枚。

在文人眼里，梨花最宜月下或雨后观

赏。群植而远观效果则更好，梨树的树形亭亭玉立，花色淡雅，叶柄细长，春风过时，临风叶动，响声悦耳。

明代陈继儒《南都》诗道：

寒食斗鸡归去晚，院门新月印梨花。

这些诗句记述了当时古人在清明时节赏梨花的情景。

杜鹃花是我国十大名花之一，它在所有观赏花木之中，称得上花、叶兼美，地栽、盆栽皆宜，用途很广泛。杜鹃花盛开之时，恰值杜鹃鸟啼之时，古人留下许多诗句和优美、动人的传说，并有以花为节的习俗。

杜鹃花花繁叶茂，绮丽多姿，萌发力强，耐修剪，根桩奇特，是优良的盆景材料。

唐代成彦雄《杜鹃花》诗道：

　　　　　　一声寒食夜，数朵野僧家。

　　唐代诗人曹松《寒食日题杜鹃花》道：

　　　　　　一朵复一朵，并开寒食时。

　　在我国历史上，曾出现过许多寒食节嗜好赏花之人。《花庵词客》一书中，介绍北宋词人仲珠，此人本是安州进士，因其妻以药毒之，仲珠食蜜解毒。

　　苏东坡念其大难不死，送其名为"蜜殊"。仲珠后出家为僧，每年禁烟赏花时，即置酒接待宾客，还美名曰"看花局"。仲殊一生填词甚多，以小令《诉衷情·寒食》为最。

　　据说，大文学家苏东坡在37岁时，有幸参加了杭州钱塘寺赏花会。两年后，清明节发生一场雨雹，病中的苏东坡担心花存无几，于是他写了《惜花》诗一首：

　　吉祥寺中锦千堆，前年赏花真盛哉。
　　道人劝我清明来，腰鼓百面如春雷。
　　打彻凉州花自开，沙河塘上插花回。
　　醉倒不觉吴儿哈，岂知如今双鬓催。

由此可见，寒食清明之花在古人的眼中持久绽放，并让后人在脑海中久久地回味。

除了清明节赏花，另一特有的民俗文化就是蚕花会。过去清明节期间，在浙江梧桐、乌镇、崇福、洲泉等地，都有此项民俗活动。其中，以洲泉的马鸣庙和青石的双庙渚的蚕花会最为精彩隆重。

当地居民在每年清明夜开始设祭，进行襄白虎、斋蚕神等活动，期间要烧香祈蚕，抬着蚕花轿出巡，妇女、孩童沿途拜香唱曲，汇集普静寺，俗称"蚕花会"。

乌镇有句民谣：

三月三、庙门开，乡下蚕娘出门槛，东亦逛、西亦颠，

轧朵蚕花回家来。

生动地再现了当地养蚕人的生活。乌镇地处杭嘉湖平原腹地，栽桑养蚕已有上千年的历史。古代人们养蚕靠天时，蚕农们为了祈求神灵的庇护，形成诸多的蚕乡习俗。

蚕花会在香市期间，赶香市时，农村妇女们烧烧香，祭祭神灵，或添置一些蚕具、农具和日用品，除此之外还有一项很特别的民俗活动，那就是在庙里烧过香之后，还要到土地庙前面的水潭里洗洗手，俗称"洗蚕花手"。据说，在那里洗过手以后，养起蚕来就特别顺手，蚕也会无病无灾。

清明节这天，上午9时，桐乡市洲泉镇的水上蚕花会，在喧天的锣鼓声中也会拉开帷幕。古韵依旧的水上蚕花会吸引当地几万名乡民前来"捧场"。传统手工缫丝、土布机织布、高杆船表演等一个个具有蚕乡特色的节目，让在场的观众拾回了儿时的记忆。

洲泉镇的水上蚕花会起源于南宋年间，至今已有800多年历史，

是当地蚕农祈求蚕桑丰收的重要民俗仪式。以往，水上蚕花会都是蚕农们自发举办的，后来随着经济的发展，从事蚕桑业的村民越来越少，水上蚕花会就中止了。后来，随着民俗文化的发展，中断了近百年的水上蚕花盛会得以恢复，水上蚕花盛会得以重现生机。蚕花会虽然只有短暂的一天，却是四方乡民的狂欢节。很多蚕农为了赶赴盛会，天蒙蒙亮就徒步出发了。上午9时不到，小小的双庙渚会场早已被万名乡民围得水泄不通。

从仪式开始，围在小河两岸的乡民的笑声就一直不断，蚕神娘娘船、缫丝船、蚕凳龙船和拜香船让人大开眼界，摇快船比赛更是让乡民们齐声呐喊，而压轴戏高杆船表演则把盛会推向了高潮。

表演者在数十米高的竹竿上表演了田鸡伸懒腰、倒挂锄头等一系列高难度动作，惊险的表演让万名观众凝神屏气。据了解，高杆船表演已传承了七代延续了100多年的历史。

杭州桐乡芝村有个龙船庙，蚕农在庙前河中集合，用雨船并在一起为祭坛，上供蚕神，设供品，祈求蚕业丰收。

然后是表演文艺节目，号称蚕花盛会，实为祭蚕神仪式。祭蚕是为了蚕业丰收，同时也有求子风俗，如芜湖过"真清明"时，在前一天准备一个南瓜，第二天煮熟，夫妻对坐食南瓜，认为吃南瓜能生男娃。

有的地方举办蚕花盛会，规模特别庞大。由年轻女子扮演的貌美如仙的"蚕花娘子"在数万蚕农的簇拥下，沿街播撒蚕花。一时间，人们欢声笑语，场面热闹非凡。

马鸣庙位于洲泉镇西，在当地有"庙中之王"之称，每年蚕花会人山人海，活动频繁，有迎蚕神、摇快船、闹台阁、拜香凳、打拳、龙灯、翘高竿、唱戏文等十多项活动。

这些活动有的在岸上进行，绝大多数在船上进行，极具水乡特色。后来的乌镇香市活动中的蚕花会，仅有迎蚕神、踏白船、翘高竿等几个项目。

蚕花节也是新市镇的一项传统民俗活动。每年清明，蚕农们都要进城参加蚕花会，期望桑蚕丰收。

一些诗人在寒食清明节赏花，是从多角度多层面观赏的。

有人从每年种花的角度赏花道："今日颜色好，明日风光别。年年送清明，一树东栏雪。"有人从落花的角度发感慨道："节当寒食半阴晴，花与蜉蝣共死生。"有人则从惜花的心态品花："好天良夜三通角，寒食清明一掷梭。"有人则从花的品姿欣赏道："寒食花藏县，重阳菊绕弯。"

更有人因寒食节在新馆看不到花，写出《思花》的诗句道："四围击柝锁重扉，春去春来总不知。"

知识点滴

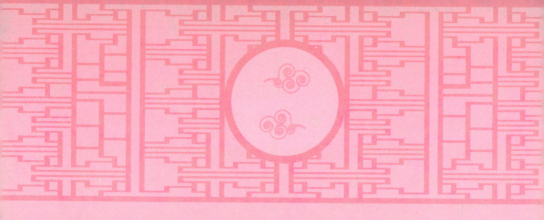

明清时期清明习俗的演变

清明扫墓，谓之对祖先的"思时之敬"。明《帝京景物略》载：

三月清明日，男女扫墓，担提尊榼，轿马后挂楮锭，粲粲然满道也。拜者、酹者、哭者、为墓除草添土者，焚楮锭次，以纸钱置坟头。望中无纸钱，则孤坟矣。哭罢，不归也，趋芳树，择园圃，列坐尽醉。

民间扫墓祭祖如此重视，皇家对清明自然更视同非常。在明朝，祭祀祖陵的仪式相当严格。《明仁宗实录》记载，1424年，朱高炽派敕守南京的驸马都尉沐昕去祭祀孝陵，口谕：

自今孝陵四时祭祀，命尔行礼，必诚敬清洁以裕神明，不可纤毫怠忽。

明仁宗朱高炽是朱棣的长子，朱元璋的孙子。这时大明王朝的都城已经迁到了北京，他不敢忘记祭祀南京的孝祖陵，对祭祖陵丝毫不敢大意，虔诚万分，因为那牵涉到神灵保佑之大计，事关国体。

皇家陵寝，除了忌辰外，四时八节都要祭祀，但重点不同，各个朝代的礼仪要求亦有别。

《明会典》记载，建文帝朱允炆初年，定孝陵的祭祀安排为"五小祭""三大祭"。由主管祭祀的太常寺具体操办负责。

"五小祭"里包括朱元璋（闰）五月初十、马皇后八月初十这两个忌日；"三大祭"，就是指清明、中元、冬至三大节气，其中，清明祭陵为"三大祭"之第一祭。

"三大祭"都是"日祭"，使用"牲醴"，"牲醴"指的是牲口和甜酒，大小官员也都得参加。

祭陵过程中，官员的行为举止得有分寸，连怎么走都有规定。不仅不能乱言语，行祭时连咳嗽都不准的。如果有人咳嗽，或是弄出声响来，就会遭到内侍官员的严厉训斥。有的官员为逃避祭祀之辛苦，常常在清明节时称病请假，躲起来不参加。

祭陵时，祭祀物品品种很多，牛、羊、猪、鹿、兔、鸡、鱼、时令蔬菜。而且，到什么季节，上什么祭品。

扫墓历来被视为清明节最重要的习俗。《清通礼》是把修整坟墓解释为"扫墓"名称的来由：

岁，寒食及霜降节，拜扫圹茔，届期素服诣墓，具酒馔及芟剪草木之器，周胝封树，剪除荆草，故称扫墓。

1530年，明世宗诏令两京国子监及天下郡县都要建立启圣祠奉祀。此

外，鲁城东有颜林，是先师兖国公墓，墓祀日期也为一年两次，即春用清明节，冬用孟冬朔日，由宗子博士主祭。据广西梧州府《怀集县志》载，县有孔公祠，每岁清明日与厉坛同日祭。

一些地方还在清明这一天，祭祀和本土相关的生前要人。如河南汝州郏县西有三苏墓，为宋代大文豪苏东坡与其弟苏辙的葬地。每逢清明节，这里的守官和乡民届时要到坟地拜扫。

清明节，举国上下一致的祭奠活动首推祭厉坛。据各府州县志书，各地均设建厉坛。设建厉坛其因与诏文见于《明会典》。

1393年，明代在国内各府州和县都建立厉坛，礼部曾颁发有定礼及钦定祭文。

按照各地志书中载叙，厉坛一般建在城北附近，每年清明日，农历七月望日、农历十月朔日致祭。

清明日祭祀前3日内，先由地方有司移牒城隍。到了祭祀那天，将

城隍神奉请于厉坛内，让其南向，无祀鬼神名位俸陪于左右两侧。

老北京的清明节，有一个重要习俗，就是去城隍庙烧香叩拜求签还愿问卜。

城隍庙，起源于古代的水，"城隍"最早的含义是由水庸衍化而来的。"城"原指挖土筑的高墙，"隍"原指没有水的护城壕。

古人造城是为了保护城内百姓的安全，所以修了高大的城墙、城楼、城门以及壕城、护城河。他们认为与人们的生活、生产安全密切相关的事物，都有神在。

于是，城和隍被神化为城市的保护神。道教把它纳入自己的神系，称它是剪除凶恶、保国护邦之神，并管领阴间的亡魂。

在明清时期，老北京有七八座城隍庙，香火亦以那时最盛。城隍庙里供奉的"城隍爷"，是那时百姓除灶王爷、财神爷外最信奉的神佛。城隍庙在每年的清明节开放时，人们纷纷前往焚香拜神，为天旱求雨，出门的求平安，有病的企求康复，为死者祈祷冥福等。那时庙会内外异常热闹，庙内有戏台演戏，庙外商品货什杂陈。

旧时还有城隍爷出巡之举。届时，人们用八抬大轿抬着用藤制的城隍爷在城内巡走，各种香会相随，分别在城隍爷后赛演秧歌、高跷、五虎棍等，边走边演，所经街市观者如潮。场面十分热闹。

古城西安的清明节，人们也习惯于去都城隍庙求愿。都城隍庙始建于明代，是当时天下三大城隍庙之一，统辖西北五省，故称"都城隍庙"。

庙里主要供奉古城西安的保护神城隍老爷，主管功名科举的文昌帝君，忠义无双的关圣帝君，赐人子嗣的九天圣母、送子娘娘，保佑健康长寿的药王孙思邈和有求必应的吕洞宾祖师等。

清代重修后的都城隍庙焕然一新，整座庙观布局整体左右对称，规模宏大，雕梁画栋，巧夺天工，是一座建筑艺术的宝库，也是道教文化的圣地。真可谓是信徒众多，香火鼎盛。

明清时期，踏青依旧是国人经久不衰的活动项目之一。

明蜀成王让栩《拟古宫词》言民间踏青曰：

> 城外清风卷薄尘，传言都道踏青人。
>
> 繁华满目开如锦，唯此宫中不见春。

明代刘侗、王奕正合撰的著名方志《帝京景物略》中记载有京郊当年清明踏青时的一幕场景：

> ……玉泉三十里至桥下，夹岸高柳，丝垂到水。绿树绀宇，酒旗亭台，广亩小池，荫爽交匝，岁清明日，都人踏青。舆者、骑者、步者、游人以万计……

除近郊踏青外，历史上一些名人志士还经常在清明节选择名山胜

地观光旅游。

辽金时期的北京有萧太后故居，后又名梁氏园，明代文学家刘定元在清明节到此一游，写有《游梁氏园记》名篇。

明代文学家袁宏道，于清明日有幸与曾太史等陪祀昭陵，随之谒皇明诸陵看山，而后写成《陪祀昭陵看山记》。

明代诗人周宪王《和白香山何处难忘酒》，一鼓作气写出六首。第一首诗道：

> 何处难忘酒，年光似掷梭。
> 清明恰已过，春色苦无多。
> 席上红牙板，花前皓齿歌。
> 此时无一盏，争奈牡丹何。

周宪王惜清明时节的感受，较前辈白居易有过之而无不及。

除了踏青春游，宫廷内外至民间在清明期间亦盛行折柳、荡秋千、斗鸡、打马球、放风筝等娱乐活动。

明诗人黄世康《新柳篇》诗句道：

> 离亭欲折未堪折，昨夜回风复回雪。

黯黯妆成寒食天，怠怠怯近清明节。

这首诗即是对清明折柳习俗的生动描述。

明代才子唐伯虎曾经写过一首《秋千诗》：

二女娇娥美少年，绿杨影里戏秋千。

两双玉腕挽复挽，四只金莲千倒颠。

红粉面对红粉面，玉酥肩共玉酥肩。

游春公子遥鞭指，一对飞下九重天。

而在宫廷之中，清明斗鸡娱乐更加普及。明代文学家、画家陈继儒反映南部官绅生活诗作，就有关于寒食斗鸡的描述：

太平风景是京华，白马黄衫七宝车。
寒食斗鸡归去晚，院门新月印梨花。

明代诗人陈悰有《天启宫词》斗鸡篇的诗句：

宫人相约斗鸡来，笼幔青红背面开。
四百喙残高唱歇，当场双系彩球回。

这首诗非常形象地描述了当时宫廷内斗鸡热闹非凡的场景。

明代，马球仍然很流行。《续文献通考·乐考》记载，明成祖曾数次往东苑击球、射柳。明《宣宗行乐图》长卷中，绘有宣宗赏马球之场面。

古时，在北京的白云观前，也有群众骑马击球之典。清代天坛一

带也还有马球运动，直至清中叶之后，马球才消失了。

唐宋时期流行的清明蹴鞠运动，在朱元璋称帝以后，下旨"蹴鞠者卸脚"，严禁军人蹴鞠，但由于蹴鞠运动本身的魅力所在，蹴鞠在民间依然盛行。

元明以后，蹴鞠活动逐渐走向纯娱乐的游戏形式。在明代杜堇绘制的《仕女图》中，就有一幅表现仕女蹴鞠的画面，图中，有几个仕女在做蹴鞠游戏，其中一人正腾身以足踢球，两边的伙伴在聚精会神地盯着被踢起的皮球，画面生动有趣。

至清代，蹴鞠活动主要成为妇女、儿童的游乐内容，爱好溜冰的满族人还将其与溜冰结合起来，发明了一种冰上蹴鞠运动。清代中叶以后，随着西方足球的传入，我国传统的蹴鞠活动就被取而代之了。

吃青精饭的习俗在这一时期也得到了沿袭。明末张岱在《夜航

《船》中有"青精饭"一条，当指后者：

> 道士邓伯元受青精石，为饭食之，延年益寿。

张岱的这一说法，已见于宋梁克家《淳熙三山志》的记载：邓伯元、褚伯玉、王玄甫等人在霍童山上，"授'青精饭食、白霞丹景'之法，见五脏，夜中能书"。

董其昌在《画禅室随笔》又有另一说辞：

> 王烈入太行山，忽闻山如雷声。往视之，裂百余丈。一径中有青泥流出，烈取抟之，即坚凝，气味如香粳饭。

清代顾禄《清嘉录》记载：

> 四月八日，市肆煮青精饭为糕式，居人买以供佛，名曰
> 阿弥饭，亦名乌米糕。

清代，随着火柴从国外的引进，每到清明时节，人们不再需要像过去那样，把烧红了的木炭放在火灰中保留火种了，取火的方法及过程越来越简单容易，新火和旧火没有多少区别。故而清明保留火种的习俗逐渐被淡忘。

早在宋朝清明节，除了街市上所卖的稠饧、麦糕、乳酪、乳饼等现成的食品之外，百姓人家还自制一种燕子形的面食，称为"枣锢飞燕"，据说是从前用来祭拜介之推的祭品。

明朝人还会留下一部分的枣锢飞燕，到了立夏，用油煎给家中的孩童吃，据说吃了以后，可以不蛀夏。

清明是福州民间的一个重要节日。扫墓的供品并不复杂，只有光

饼、豆腐和面点等，但有一主味是绝对少不了的，即福州特制的"菠菠粿"，也叫"清明粿"，这是福州特有的清明节供品。

菠菠菜，即生长于南方的一种野菜，可食，味甘，性凉，捣烂压成汁呈青绿色。菠菠粿是用菠菠菜压榨成汁，渗入米浆内揉成粿皮，以枣泥、豆沙、萝卜丝等为馅捏制而成。造型比较简单，菠菠菜的青绿色赋予菠菠粿以春天的绿意。关于这一习俗，在宋、元、明三朝未见记载，大约在清代乾隆以后才逐渐兴起。

在清代的清明节美食中，以"李鸿章大杂烩"最为著名。

据说，光绪年间，李鸿章访美，曾以中国菜宴请美国政要，菜肴中即有李鸿章的家乡菜大杂烩，美国客人觉得非常好吃，便问此菜名，李鸿章告之。后来，人们就把这道菜称之为"李鸿章大杂烩"。

"李鸿章大杂烩"的原料大略有鱼翅、海参、鱿鱼、鱼肚、干贝、鸡肉、猪肚、火腿、鱼肉、冬菇、鸽蛋、腐竹、玉兰片等项，工艺也复杂，远非百姓人家所谓"折罗"可比。

李鸿章名着"杂烩"，虽有些莫名其妙，但观其一生，其调和才能，亦值得后世人赞赏。

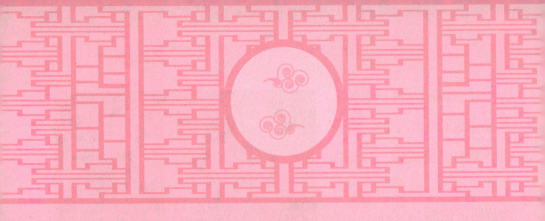

独特的老北京清明节凉食

传统的寒食又称"换火节"，说的是家家户户烧了一冬的炉膛，开春后要灭火清理了，所以家里停火一两天，只能吃凉食了。

在众多的清明节凉食中，最出名的要数老北京的凉食。老北京的凉食品味独特，品类齐全，最著名的要数"寒食十三绝"了。

所谓十三绝，就是指姜丝排叉、硬面饽饽、焦圈、糖卷馃、豌豆黄、艾窝窝、马蹄烧饼、螺蛳转儿、馓子麻花、驴打滚、糖耳朵、糖火烧和芝麻酱烧饼等13种食品。

姜丝排叉。又叫"姜汁排叉""姜酥排叉""蜜排叉"。它不但是北京传统小吃，也是北京茶菜的一个品种。

茶菜是满族、回族礼仪性食品。满族人在设席宴客时，习惯用茶及茶食为先，然后才是冷荤、热菜、甜食、汤等，一定按顺序上。回族人不饮酒，但为了礼节，多以茶代酒，因而茶菜是必不可少的。

硬面饽饽。是过去北京小吃中，夜间供应的一种面食，也是常见品种。硬面饽饽是一种似烧饼大小的混糖戗面火烧，入口有咬劲，微甜且香，用手一掰掉渣。

由于人们生活习惯改变，生活水平提高，走街串巷卖小吃的减少，后来已经很少能见到了。

老北京的焦圈，男女老少都爱吃，酥脆油香的味儿，真叫人吃不够。北京人吃烧饼，常爱夹焦圈，喝豆汁也必吃焦圈。

焦圈是一种古老食品，制作比较麻烦，由于劳效太低，一般吃食店不愿制作。

说到炸焦圈，北京人都知道一个"焦圈俊王"。他的技艺一般人不能与之相比，炸出的焦圈个个棕黄，大小一般，特别是具有香、酥、脆的特点，放在桌上，稍碰即碎，决无硬艮的感觉。

糖卷馃。是最具特色的清真节日食品，也是北京风味小吃中的名品，主料为山药和大枣，配以青梅、桃仁、瓜仁等辅料，具有滋补作用，同时糖卷果也是一道药膳。

豌豆黄。是北京春夏季节的一种应时佳品，主料为去皮老豌豆、琼脂、白砂糖、清水和碱面。

按北京习俗，农历三月初三要吃豌豆黄。因此，每当春季豌豆黄就上市，一直供应到春末。北京的豌豆黄分宫廷和民间两种。

豌豆黄原为民间小吃，后来传入宫廷。清宫的豌豆黄，用上等白豌豆为原料，做出成品色泽浅黄、细腻、纯净，入口即化，味道香甜，清凉爽口。因慈禧喜食而出名。

其制法是，将豌豆磨碎、去皮、洗净、煮烂、糖炒、凝结、切块而成。传统做法还要嵌以红枣肉。

豌豆黄是典型的春令食品，常见于春季庙会上。例如在三月三蟠桃宫，"小枣糙豌豆黄儿"便是时令鲜品。

艾窝窝。是北京传统风味小吃，也属春秋食品，后来一年四季都有供应。艾窝窝原为"御艾窝窝"，后来在明代由宫廷传入民间。

每年农历春节前后，北京的小吃店要上这个品种，一直卖到夏末秋初。

艾窝窝历史悠久，明代万历年间内监刘若愚的《酌中志》中说：

> 以糯米夹芝麻为凉糕，丸而馅之为窝窝，即古之'不落夹'是也。

艾窝窝作为老北京清真风味小吃，曾有诗道：

白黏江米入蒸锅，什锦馅儿粉面搓。

浑似汤圆不待煮，清真唤作艾窝窝。

它的特点就是色泽洁白如霜，质地细腻柔韧，馅心松散甜香。

切糕也是深受老百姓喜爱的老北京清真风味小吃，特别是到了年节，切糕一定是老百姓必吃的食物，主要是为了取个吉利，因为切糕有"年年高"之意。

马蹄烧饼。因有两层薄皮，内空，形似马蹄得名。

商河马蹄烧饼历史久远，相传在清乾隆年间就已享有盛名。

据载，清朝末年，在县城经营马蹄烧饼的张氏家族和怀仁镇某村的康氏家族，名气颇大。他们所制烧饼经常被过往商人带往外地和京城，从此后"马蹄烧饼"不胫而走。

据传，乾隆皇帝下江南时，马蹄烧饼和糖酥火烧曾作为贡品呈献给乾隆皇帝，备受皇帝和大臣们的赞赏。由此可见马蹄烧饼和糖酥火烧，早就是远近闻名和备受喜爱的商河名吃了。

螺蛳转儿。是北京特色风味小吃，有甜咸两种。原料为芝麻酱、面粉、芝麻油、碱面、花椒盐、老酵。螺蛳转儿因其形似而得名，质地松软，

表皮酥脆，味咸香而可口。

馓子麻花。古名为"环饼""寒具"。明代李时珍的《本草纲目·谷部》中，十分清楚地介绍说：

寒具即食馓也，以糯粉和面，入少盐，牵索纽捻成环钏形，入口即碎脆如凌雪。

可见馓子麻花的古老。馓子麻花是北京小吃中的精品，很受百姓欢迎，它的制作比较麻烦。在事先将矾、碱、红糖、糖桂花放在盆内用温水溶化，再将面粉倒入和均匀，和好后搓长条盘起来饧一会儿，然后揪成40克一个的小剂。馓子麻花质地酥脆，香甜可口。

据说远在战国时期就有环饼，秦汉以来成为寒食节的必吃食品。

馓子麻花是用发酵面揉拧成麻花形，炸制而成，是遍及全国各地的小食品。其历史悠久、源远流长。古代将麻花、馓子作为寒具的代表，寒食节禁火之日，多食此品。

到了清代，据御膳房食单记载：1785年，也就是乾隆十九年三月十六日总管马国用传，皇后用野意果桌，一桌十五品。其中就有"发面麻花"做点心。

大约从清代起才将麻花和馓子分立，麻花较硬而粗，馓子细而散，但都是油炸食品。

著名的天津桂花发祥麻花，就是用发酵面加芝麻、青梅、糖姜、桃仁等果脯，经过搓拧，油炸而成。但也有被称为"馓子麻花"的，如天津的王记剪子股麻花，就因条散而不乱，麻花肌不拧紧在一起而得名。

驴打滚，又称"豆面糕"，是北京小吃中的古老品种之一，它的原料是用黄米面加水蒸熟，和面时稍多加水和软些。另将黄豆炒熟后，轧成粉面。

制作时将蒸熟发黄米面外面沾上黄豆粉面擀成片，然后抹上赤豆沙馅或红糖卷起来，切成100克左右的小块，撒上白糖就成了。

在庙会上经营此业的多是回民。叫卖者只用一辆手推车，车上的铜活擦得锃光瓦亮，引人注目，以招徕生意。

豆面糕以黄豆面为其主要原料，故称"豆面糕"。但为什么又称"驴打滚"呢？似乎是一种形象比喻，制得后放在黄豆面中滚一下，如郊野真驴打滚，扬起灰尘似的，故而得名。

糖耳朵是北京小吃中常见名品，又称蜜麻花，因为它成形后形状似人的耳朵得名。前人有诗说：

耳朵竟堪作食耶？常偕伴侣蜜麻花。
劳声借问谁家好，遥指前边某二巴。

蜜麻花颜色棕黄，质地酥脆，香甜可口，男女老少都爱吃，有人形容说"嚼着惊动十里人"，可见其受大众欢迎的程度。

糖火烧。是北京人常吃的早点小吃之一，已有300多年历史，以大顺斋的糖火烧最出名。

要先将红糖加面粉搓散烤熟，加入麻酱、桂花、油，和成芝麻酱馅；用干面粉加发面，发酵后对碱。饧面后，将面按成0.5千克一块搓成长条，然后甩成栅子，抹上糖酱，随茡随卷成筒形，揪成50克小剂，揉成圆形小桃，摁扁码入烤盘，放入烤炉烤熟，熟后晾凉，放入木箱中闷透闷软即可食。糖火烧香甜味厚，绵软不粘，适合老年人食用。

缸炉烧饼原为河北小吃，后传入北京，成为北京小吃。其特点是用缸做成炉子，将烧饼生坯直接贴在缸壁上烤熟而得名。

芝麻酱烧饼。也是老北京清明节主要食品之一。无需多说。而它的同类食品澄沙烧饼倒有点意思，因为豆沙馅要从边上露出一些，别名"蛤蟆吞蜜"。

芝麻酱烧饼的做法有很多，根据平时做烙饼的原理也可以改良出很多种做法，咸、甜口也可以自由变换，还可以用发面面团、平底锅来做，但这种酥皮面类的做法还是用烤炉效果比较好。

如今，驴打滚、糖火烧、豌豆黄、焦圈、芝麻酱烧饼，都是街头巷尾的常见之物，独筋道香甜的硬面饽饽已失了踪迹。

寒食节配着凉食吃的老北京"四大茶"，有油茶、面茶、杏仁茶、茶汤。

知识点滴

关于驴打滚小吃，在《燕都小食品杂咏》中就有记载："红糖水馅巧安排，黄面成团豆里埋。何事群呼'驴打滚'，称名未免近诙谐。"另有："黄豆年米，蒸熟，裹以红糖水馅，滚于炒豆面中，置盘上售之，取名'驴打滚'真不可思议之称也。"可见"驴打滚"的叫法已约定俗成。

后来，很多人只知雅号俗称，不知其正名了。许多糕点店一年四季都有供应，但大多数已不用黄米面而改用江米面，又因在面团外沾上黄豆粉，其颜色仍为黄色，色香诱人，成为群众非常喜爱的一种小吃。